2022

CREATIVE MANAGEMENT REVIEW

创意管理评论

（第7卷）

Volume 7

主编　杨永忠　高长春

经济管理出版社

ECONOMY & MANAGEMENT PUBLISHING HOUSE

图书在版编目（CIP）数据

创意管理评论 . 第 7 卷/杨永忠，高长春主编 . —北京：经济管理出版社，2022.8
ISBN 978-7-5096-8652-2

Ⅰ.①创… Ⅱ.①杨… ②高… Ⅲ.①管理学—研究 Ⅳ.①C93

中国版本图书馆 CIP 数据核字（2022）第 138793 号

组稿编辑：郭丽娟
责任编辑：郭丽娟　王玉林
责任印制：许　艳
责任校对：陈　颖

出版发行：经济管理出版社
　　　　　（北京市海淀区北蜂窝 8 号中雅大厦 A 座 11 层　100038）
网　　址：www. E-mp. com. cn
话：（010）51915602
刷：唐山玺诚印务有限公司
销：新华书店
本：720mm×1000mm/16
张：14. 5
数：217 千字
次：2022 年 10 月第 1 版　　2022 年 10 月第 1 次印刷
ISBN 978-7-5096-8652-2
88. 00 元

编委会名单

征稿启事
Call for Papers

　　创意管理学是从微观管理角度系统研究创意管理活动的基本规律和一般方法的一门科学。它是一门正在迅速成长、充满勃勃生机的工商管理新兴学科，以管理学研究方法为基础，涵盖艺术学、社会学、经济学、制造科学、计算机科学等相关交叉学科。这一科学领域，存在许多未开发的处女地，蕴藏着丰富的创意宝藏。

　　作为推动创意管理学形成和发展的专业性学术刊物，《创意管理评论》集刊由四川大学创意管理研究所主办，由国内外相关领域知名学者担纲顾问和联合主编。《创意管理评论》将本着兼容并蓄的开放性学术理念，坚持研产结合的办刊方针，实行国内外同行评议制度，为创意管理学的发展提供一个专业、规范和雅俗共赏的思想分享平台。

　　《创意管理评论》主要刊登从企业管理视角、应用管理学研究方法探讨创意管理的高水平学术论文和探索性实践文章，热忱欢迎相关领域的国内外专家学者赐稿，分享您对创意管理的专业观察和深刻洞见，我们真诚地期待着。

投稿邮箱：cyglpl@163.com

联系电话：028-85416603

地　　址：四川省成都市一环路南一段 24 号四川大学商学院 613《创意管理评论》编辑部

邮　　编：610064

《创意管理评论》编辑部

主编寄语

最近几年，有一句很流行的话：世界面临百年未有之大变局。

百年未有之大变局下，管理又出现了哪些变化？推特上随手发送的一句话、《纽约时报》上的一段过往新闻、普通人的一张照片，都可以成为商品，商品的概念因为 NFT 被史无前例地扩大。D2A，现实世界与虚拟世界交互的商业模式首次出现，商业模式的空间被史无前例地扩展……毫不夸张地说，全球管理正处于大变革的前夜。

五年前，我曾经说过，当代管理理论是以工业时代为背景、以技术创新为取向发展起来的。后工业时代发生了重要变革，新当代管理理论有待创造性地建立。新当代管理理论面对的一个重要事实是，文化要素成为经济增长新的要素；源于文化并通过创意而形成的文化资本，正成为经济增长新的驱动力。新当代管理理论的一个重要内容，就是创意管理学的形成与发展。

　　没有创意，何以伟大的创新？马斯克已推出的火箭全新发射器，其回收装置的创意就来自中国筷子。发射器回收装置回收时像筷子夹菜，动作相当敏捷，不仅大大降低了成本，而且大幅度提升了火箭的发射效率。"太空巴士"，因为中国筷子正加速来临。创意，通过有效的管理，将变得更加有力。

目 录

CONTENTS

创意管理评论 · 第7卷
CREATIVE MANAGEMENT REVIEW, Volume 7

特稿

Feature

见证创意管理的进步和成功

◎ 熊澄宇*

创意管理在中国是一个比较新的学科。我们以前谈得更多的是文化产业管理，文化产业管理和创意管理有相同之处，也有不同之处。我研究文化产业管理 20 多年，今天谈谈创意管理和现在正在推动的新文科建设。在这两个话题之间，我们可以找到一个关联度。

创意、管理这两个词在一定程度上是对立的。创意更多的是在思想层面，是在出主意，讲究的是个性，是创造性、唯一性，做前人没有做过的事情。管理，是一种共性，寻找现象背后的共同规律。有人说管理就是决策，无论是计划、组织，还是领导、控制，都是面对一个群体而言，讲究的是统一性和规则。所以，创意与管理这两个概念，在一定程度上是对立的，但我们现在把它们放在一起，是要寻找这种对立的统一，实现个性和共性的融合。

最近的学科讨论中，大家一直对文化创意产业在教育部的学科目录里隶属于工商管理学科有些不同的想法。从教育部学科目录的发展来看，它实际上只是从 2004 年的公共管理转到了 2012 年的工商管理。但在工商管理下面，学位授了是允许在两个学位里选择的，可以授管理学学位，也可以授艺术学学位。从现在的实践来看，由于这个学科大多数放在工商管理学科下面，因此 84% 的学校授予的是管理学学位，16% 的学校授予的是艺术学学位。所以创意管理

---

* 熊澄宇，欧洲科学、艺术和人文学院外籍院士，清华大学跨文化战略教授。本文选自清华大学出版社 2022 年出版的《新文科建设教材·创意管理系列》总序。

的出现，也反映出学科融合过程中的成长与发展。

教育部现在一直在讨论新文科建设。我们知道的学科体系大概分三大领域，一是人文科学，二是社会科学，三是自然科学。所谓新文科，主要涉及人文科学与社会科学两个大的门类。人文科学按照中国目前的划分法，大概有四个大的领域：文学、历史、哲学、艺术。社会科学也有四个大的领域：经济、法学、管理、教育。这两个大的门类放在一起，就是我们现在提出来的学科交叉和整合。而创意管理学，一定程度上正好在新文科的两大门类的交叉基础上。

比如说，创意跟文史哲艺术之间有着密切的关系，没有文史哲和艺术的基础，很难说创意管理有深厚的学术积淀。而作为一种文化过程，创意管理如果没有经济学、法学的基础，也很难说是一个完整的管理。所以，今天我们谈论的创意管理，反映了新文科的交叉关系。

在厘清创意管理的概念基础上，我们进一步探讨创意管理的模式。从我自己亲身考察、交流探讨发现，目前世界范围内的创意管理有三种不同的模式。

第一种是百老汇的演艺模式。所有的剧目都是原创且拥有知识产权，所有的演职人员都需要签合同。而这个合同叫作契约，既保证了整个演出的完整性，也保证了演员自身的权利。当然更重要的，它是一种市场行为，市场后面有着一整套完整的制度和体系。

第二种是围绕迪士尼主题园区的创意管理模式。首先，它有一个价值观，一种普适的价值观，强调的是亲情友爱、惩恶扬善。这种价值观可以跨地域、跨民族、跨文化。其次，它是一个完整的产业链，从开始的剧本、演出、主题乐园，到衍生产品，构成一个完整的产业链和生产过程。最后，更重要的，它构成了一个完整的社会生态。即使处于祖孙不同的年代，即使不同的政党，都可以接受迪士尼的文化。

第三种是好莱坞模式。我曾经给好莱坞的狮门影业公司做过咨询。这是一个 1998 年最初在加拿大注册的公司，现已在美国八大电影集团中排名第四。

这个公司虽然是电影集团，但集团董事会里面的董事没有一个人是做电影的，主要做资本管理。我和这个集团董事会成员及其高管 30 多人开了十几场座谈会，讨论下来，发现他们的主要特点就是资本驱动。董事会由搞资本的人主导，买了 10000 多部电影的版权，然后做市场、搞新媒体、做网络。

我们从创意管理的概念说到创意管理的模式，再说创意管理的学科。我们通常说一个学科，是由史、论、方法、应用四个方面构成的。

第一个是史。史构成了学科的发展历史，所以我们说两个主要门类的梳理构成学科历史。目前创意管理学学科本身的历史并不长，但它的相关学科历史很长，需要进一步梳理。

第二个是论。现在创意管理领域里面有一些著作，但还没有构成完整的学科体系。杨永忠教授写的《创意管理学导论》，是目前国内第一本创意管理著作，具有开创性。创意管理学就理论而言，从概念到体系还需要进一步深化，需要在这方面去积极创造。

第三个是方法。在目前的社会科学领域，许多方法创意管理学都可以拿来使用，但更重要的是找到人文和社会科学交叉以后的方法，即能够应对我们这一新兴学科推理的方法。

第四个是应用。学科建构需要进入社会评估，这是更重要的，这种评估就是它的应用。我们经常说理论走在前面，但实际上我们现在很多理论是走在后面的。理论是在实践的基础上，经过梳理、总结、提炼出来的。所以，创意管理学这一学科的构成，还需要我们各方努力，不管是学者、企业家，或是管理者，需要共同的推动。

从以上四个不同的方面可以看出，不管是创意，还是管理，都有拓展的空间。所以总的一个想法是，每个研究者都可以从自己的角度找到一个切入点。

习近平总书记对文化有很好的解读。在联合国教科文组织总部会议上，他提出了多元、平等、包容、互鉴的观点。多元指不仅一个模式，还可以是多个形态。平等，意味着不论是东方文化、西方文化，还是其他模式，都可以在并存的基础上发展。包容很重要，但最重要的是互鉴。互相借鉴、并存互补、融合创新，应该是我们创意管理学的可行的发展道路。

今天，我们看到了人文科学和社会科学的融合，也就是我们现在说的创意管理。我们还期盼人文科学、社会科学和自然科学的融合，同时希望所有的学科融合完成以后，能和整个社会发展的实践相融合，这就是创意管理学科的发展方向。我们不仅要做案头研究、理论研究、战略研究，还要落实到应用层面。所以希望我们的研究和探讨，能够推动创意管理在全世界范围内、在实践层面上帮助人类社会向前发展，为人类的和平发展做出贡献。

我愿意和大家一起参与创意管理教材的出版，也愿意见证创意管理的进步和成功。

创意管理是管理学的新兴领域

◎ 雷家骕[*]

中国当前的产业技术创新面临着突破，期待着创意的活跃。

一、创意决定创新的独特性

创新管理学家库珀在 20 世纪 80 年代即提出了"前端活动在相当程度上决定着新产品研制能否成功"的观点。他发现，产品研制的模糊前端产生的 3000 多个创意中，只有 14 个能够进入开发阶段；最终能够商业化并取得市场成功的创意仅有 1 个。也就是说，从创意产生到产品开发成功的概率只有 0.47%，从产品开发到商业化成功的概率仅为 7.14%。可见产品创新的成功率是非常低的。而导致产品开发失败主要是从创意产生到产品开发这一阶段。正如一些学者所讲的：绝大多数产品研制在"起点"就注定将会失败，这个起点就是"创意"。

模糊前端是创意产生和筛选的阶段，也是产品创新过程中最不明确的阶段。此阶段最重要的特征是模糊性，这个模糊性充满不确定性。模糊前端的模糊性分为环境和资源两大维度：环境维度包括需求模糊性及竞争模糊性；资源维度包括技术、管理及资金需求的不确定性。创意对于产品创新的重要性，既

---

  * 雷家骕，清华大学经济管理学院教授，教育部创业教育指导委员会首届委员。本文选自清华大学出版社 2022 年出版的《新文科建设教材·创意管理系列》总序。

表现在决定产品创新的成功率上，又表现在决定产品的独特性上。市场中，某个企业的产品与其他企业的同类产品能不能形成差异化优势，是由独特性决定的。

二、技术创新越来越期待活跃的创意

改革开放 40 多年来，我国的技术创新范式经历了四个阶段的演变。1978 年前，我们的经济是"短缺经济"。那时经济学界都在读匈牙利经济学家科尔内的名著《短缺经济学》，不少人感觉这本书好像写的就是中国。故 1978 ~ 1988 年，我国技术创新的基本范式是"学习+引进+补短"，补市场供给之"短"，补创新能力之"短"。两种"短""补"到一定程度后，1988 ~ 1998 年，我国技术创新的基本范式转变为"引进+模仿+提升"。

1998 年前后，随着对"以市场换技术"政策的"利弊得失"的讨论，国家提出了"自主创新"的大思路。由此，1998 ~ 2008 年，我国技术创新的基本范式转变为"整合式自主创新"，即将国内外相关先进技术整合到一起，形成具有部分自主知识产权的新产品。2008 年至今，随着自主创新能力的提升，我国技术创新的基本范式更多地转变为"迭代式自主创新"，企业对同一产品持续进行技术迭代；经过几轮迭代，即将同一产品提升为具有完全自主知识产权的新产品。

这四个阶段的技术创新范式中，创新者的创意起了很大作用。因为若无创意，创新者就不会想到应该那样做。创意是关于产品功能、实物造型、工艺方法、制造流程、实用发明、商业活动、文化及艺术作品的构思。创意有三大特征：一是创新的想法；二是独特、新颖，但实施了才有商业价值或社会价值；三是创意一定要有科技、文化、艺术的内涵。

现在我国正在实施"创新驱动发展、科技创新引领发展"的战略，业界要把创新做得更有特点、内涵、质量，形成更为强大的经济社会发展的新动能，首先要把全社会的创意活跃起来。只有具备更有创意的意识、思维和能力，才会有人类发展历史层面的创新。

三、加强创意管理教育乃当下之急

随着创意的专业化程度的提升，现在的"创意活动"逐渐成为一类"产业"。2008年和2013年联合国皆发布了《创意经济报告》，认为创意经济不仅是世界经济中增长最迅速的部门之一，而且在创造收入、创造就业机会和出口收入等方面极具变革意义。2019年联合国发布的《创意经济展望：创意产业国际贸易趋势》报告显示，全球创意产品贸易增长迅速，中国在其中占据了主导地位；创意产业越来越成为国家经济发展的新引擎，其在驱动创新发展方面的作用越来越重要。

创意源于个体头脑中的灵感，衍变为消费者可以体验的创意商品，经历了初始创意源产生、创意方案形成、创意产品化等多个阶段。在这个过程中，创意以不同形式在创意主体间扩散，从而产生经济效益和社会价值。由此，创意管理及其研究的重要性日益膨胀，进而要求教育界积极发展创意管理学科。创意管理是管理学的一个新兴领域，也是管理学术研究的金矿，其有待于我们精心挖掘。

杨永忠教授开创了创意管理学这一领域。两年前，他找到我，提出出版创意管理教材，以厘清创新的模糊前端，打开创意管理的黑箱，形成完整的创意、创新、创业体系，我非常赞同。如今，我十分高兴看到国内首套创意管理前沿教材的如期出版，希望通过这些教材的出版，加强创意管理的教育，加快创意管理思想的普及，加速国内创意管理学科的长足发展，促进中国的大国发展战略。愿与同行共勉，期待创意管理更美好的明天！

创意管理评论·第7卷

CREATIVE MANAGEMENT REVIEW, Volume 7

创意管理前沿

Creative Management
Frontier

CREATIVE MANAGEMENT REVIEW

创意管理学基础模型：发展与探索[*]

◎ 杨永忠[**]

摘要： 创意管理学的发展有其现实背景与理论背景。以价值为基础的创意管理研究，构成了中国在国际有关创意管理研究中的最大特色和研究分野，由此形成了中国学者在创意管理领域的本土表达和国际对话空间。其主要模型包括创意价值模型、铜钱模型和杨北斗模型。泛泛文化阶层是创意管理基础模型的扩展。作为一门正在迅速成长的、充满勃勃生机的新商科和交叉科学，创意管理学亟待国内学者，特别是管理学者的研究和探索。

关键词： 创意管理学；基础模型；发展；探索

一、创意管理学发展背景

（一）现实背景

把创意作为管理的研究对象，并非今日才有，可以追溯到创新管理，创意作为创新管理的模糊前端被提及。由于创新管理关注的核心和重点是创新问

  * 国家社会科学基金重点项目"文化创意的价值管理研究"（18AGL024）。

  ** 杨永忠，四川大学商学院教授，博士生导师，研究方向：创意管理学，邮箱：yangyongzhong116@163.com。

题，因此，数十年来，这一模糊前端始终处于较为模糊的状态：或者是一种轮廓化的"素描"，或者是一个黑箱。所以，直到今天，西方还没有像创新管理一样，形成一个系统化的创意管理研究领域，构建起管理学的分支学科。中国追随西方创新管理的思维与逻辑，也自然局限了我们对创新管理的反思与批判、对创意管理的想象与探索。[1]

任何新兴学科的出现，都有其广阔而深远的社会背景。创意管理学的兴起，与第二次文艺复兴息息相关。正像第一次文艺复兴带来了文学、美术等人文学科的发展一样，兴起于 20 世纪末、以 1998 年英国政府颁布的《英国创意产业路径文件》为标志的第二次文艺复兴，在艺术与商业结合下的广阔而深远的创意发展背景，无疑为管理学，特别是创意管理的诞生提供了丰厚的土壤，催生着创意管理学的到来。[2]

第一次文艺复兴与第二次文艺复兴均起源于欧洲，但第二次文艺复兴却能够迅速扩展到全球，反映出文化经由创意而产生的影响力，已经远远不止于社会和思想层面，更在经济和实践层面深刻地吸引和影响着全人类。

与第一次文艺复兴比较，第二次文艺复兴主要有三个方面的发展：第一，以人文精神为中心发展到以人文创造为中心。第二次文艺复兴是第一次文艺复兴的深化和发展，是对人性的进一步探索，是在人的创造力解放基础上人文创造力的进一步释放。第二，从艺术大师推动到创意大师推动。创意大师作为创意领域独特的符号象征，引领着创意产业的发展。从艺术思维到创意经济思维，文化与经济的跨界与融合，深刻影响着全球跳动的文化和经济脉搏。第三，以艺术作品为代表发展到以创意商品为代表。第二次文艺复兴呈现的是将艺术性与经济性、新奇性与商业性融为一体的创意商品。这些创意商品在满足人的艺术和新奇需求的同时，也极大地创造了商业财富，推动了经济发展。可见，第二次文艺复兴为创意的价值及其商业实现提供了丰厚的土壤，催生着创意管理的到来。

（二）理论背景

任何新的理论，都有一个理论的演进过程。创意管理学的形成，建立在文化产业理论、文化经济理论和创意产业理论的基础上。[3]

文化产业理论研究，其开创者是法兰克福学派，源于社会学家阿多诺和霍克海默 1947 年对"大众文化"的批判。文化经济学的形成与发展源于经济学家鲍莫尔和鲍文 1966 年出版的《表演艺术：经济困境》中提出的著名的"成本困境"。创意产业理论的出现较短，但发展迅猛。1998 年，英国政府颁布了《英国创意产业路径文件》，首次以官方名义提出、界定和采用创意产业而非文化产业，彰显了创意在文化产业的独特价值，由此推动了理论界从文化产业研究、文化经济研究进一步向创意产业研究的发展。以上可见，文化产业理论形成以前，对文化的研究属于较为纯粹的哲学和社会学范畴。随着文化产业理论的兴起，文化的研究进入了哲学、社会学、政治经济学等多学科混同。文化经济学的崛起，标志着文化研究拓展到纯粹的经济学领域。而随着创意产业的深入发展，人们逐步发现了文化的特殊性：可以重复使用、可以再生使用、可以创造使用、可以渗透使用。上述这些特殊性，集中反映出文化的创造性特征：创意。

以上围绕文化的研究变化，不再仅仅是一种经济趋势、一种经济现象。随着创意在文化经济中的核心地位的确立，谁来创意、创意什么、为谁创意、怎样创意，成为文化经济、创意产业不可回避的核心微观问题，创意管理学呼之欲出。

创意管理学的出现，经历了文化产业理论、文化经济理论、创意产业理论的发展过程。但创意管理学本质属于企业管理学范畴，作为一种新兴的管理现象所隐含的创意管理问题，现有的企业管理理论难以给予充分的解释。从演变历史来看，企业管理理论经历了古典管理理论、现代管理理论到当代管理理论的发展变化。我们注意到，现有的企业管理理论是以工业时代为背景、以技术创新为取向发展起来的，其主要特点是效率和系统。成本导向的效率恰恰导致手工、民间艺术等生存空间的消失，而讲究集成的系统则抹杀了文化的个性，大批量生产的同质化产品无法体现出创意产品的灵魂性和新颖性。

后工业时代发生了重要变革，从社会的变革到企业的变革、人的变革，在变革中，企业管理的实践和理论面临重构，新当代管理理论有待创造性地建立。新当代管理理论面对的一个重要事实是，文化要素成为经济增长新的要素，源于文化并通过创意而形成的文化资本，正成为经济增长新的驱动力。新当代管理理论的一个重要内容是创意管理学的形成与发展。

二、创意管理学基础模型

创意就是创造新的意义，创造新的价值，创意的核心是价值。创意管理研究的是创意的价值发现及其商业转化。这一以价值为基础的研究体系，体现在《创意管理学导论》（2018）这一国内最早的研究著作设计中，也构成了《创意管理学导论》这一著作在国际有关创意管理研究中的最大特色和研究分野，由此形成了中国学者在创意管理领域的本土表达和国际对话空间。

（一）创意价值模型（Creative Value Model，CVM）

从创意的物质载体、符号载体、精神载体三个价值承载体角度来看，创意所具有的各种价值要素可以归纳为功能价值、符号价值、体验价值三个维度。以马斯洛的需求层次为导向，这些价值从不同层次上满足了人们的需求，其中，功能价值是创意的物质基础，满足人们在衣食住行等日常生活方面的实用性功能需求，为创意的符号价值与体验价值的实现提供物质条件；符号价值构成了创意的社会基础，代表了创意的社会连接，满足人们对于情感、归属、尊重等社会层面的需求；体验价值体现了创意在当代的价值发展，满足人们对于自我实现等精神层面的需求。由此构成了创意的三维价值模型，如图1所示。

（二）铜钱模型（Copper Coin Model，CCM）

创意的核心是价值，由此创意管理面临的问题就是价值的不确定。从价值的不确定性到价值的确定，正是铜钱模型的建构过程。首先是创意的价值认定，是生产者和创作者的主观价值定位；其次是创意的价值认知，从生产者和创作者转向消费者；再次是创意的价值认同；最后是创意的价值认购。这四个转化环节，体现了价值不确定条件下的决策思维（Decision Making under Uncertainty）。铜钱模型，外圆内方，既是一个中国式的管理哲学，更是一个中国式的文化表达[4]，如图 2 所示。

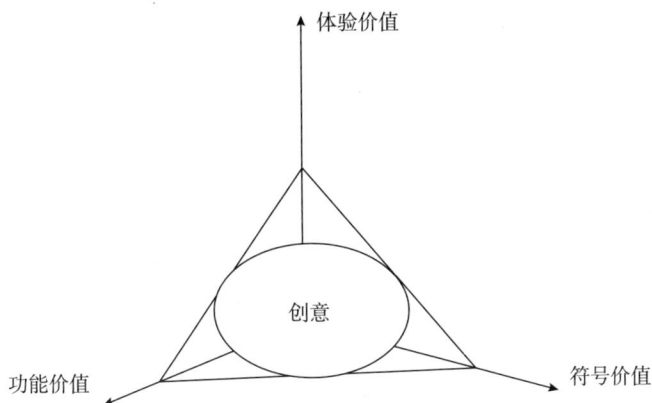

图 1 创意价值模型（CVM）

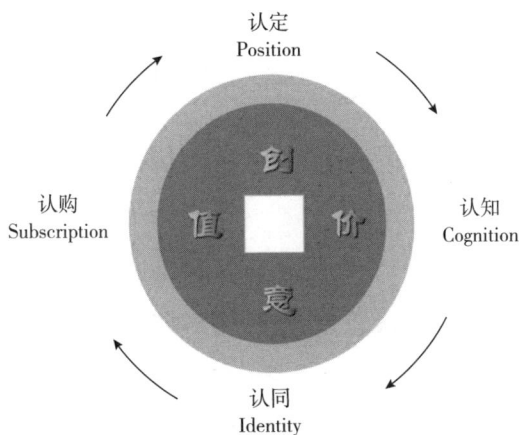

图 2 铜钱模型（CCM）

（三）杨北斗模型（Yang Dipper Model，YDM）

以创意价值的不确定性为基础，杨永忠教授提出了创意管理的杨北斗模型（见图3）。杨北斗模型本质是创意管理的商业模式。该模型描述了创意企业如何通过创造和销售创意实现盈利，并将传统商业模式的企业与企业之间、企业与顾客之间关系拓展到政府与社会服务组织。由此，形成了创意的重构战略、体验运营、共鸣营销和人格消费四个基本维度（分别对应了创意价值转化的四个环节），以及学术创业、公共激励和企业家创新三个主体的合作创造。

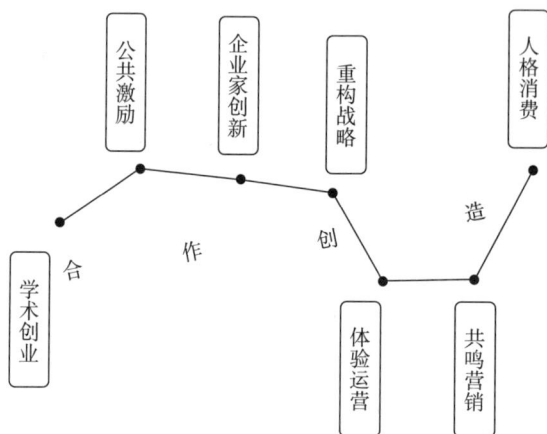

图3　杨北斗模型（YDM）

回归到中国传统文化，以上七个方面连接成北斗七星，为创意管理提供了理论指导和实践指引。这一模型于 2018 年在第三届中国创意管理论坛主题演讲中发表。该模型在樊建川博物馆、许燎源现代设计艺术博物馆、明月村等创意实践和创意转化中，均具有良好的检验效果。[5]

三、对模型所包含变量的测量

根据价值评估结果的表现形式，创意的价值评估方法大致可以分为两类，即直接评估方法与间接评估方法。直接评估方法就是通过收集有关创意价值的数据，根据创意的价值特点，设计科学的方法对创意的价值（或某些价值）进行直接测度，最终结果是有一定价值量纲的具体数值。其评估方法具体包括市场导向的价值评估方法和非市场导向的价值评估方法。前者指能够在现实市场中进行交易而获得价值实现的价值评估方法，如市场法、成本法、收益法；后者指无法通过现实市场交易而只能在假设的市场条件下获得价值实现的价值评估方法，包括经济影响研究法、条件价值法、旅行费用法等。间接评估方法不是给出某件创意具体的价值量，而是给出一个参考值，如价格指数。目前在理论和实践中，衡量价格指数的方法主要有三种：平均价格法、重复交易法和特征价格法。

在创意的价值转化中，形成了不同的转化模式。这些模式如何评估与判断，可以通过收集创意企业的相关信息，采用内容分析法进行研究。比如，在对创意产品开发模式的研究中，采用创意企业官方网站上公开的信息，通过内容分析，最后获取相关数据。我们研究发现，内容创意驱动型和文化资源驱动型开发出来的创意产品比重较高，二者之和达到近 80%；生产制造驱动型和消费者驱动型开发出来的创意产品比重较接近，各为 7.1% 和 9.9%；市场推广驱动型模式在创意产品开发中应用最少，仅占 5.6%。[6]

创意管理的商业模式，主要探讨创意转化过程中的商业机理。其通常采用结构方程模型，通过引入中介变量和调节变量，探讨过程的发生机理和其中的管理机制。此研究在数据收集方面一般使用半结构化深入访谈和问卷调查法。比如，在广告音乐感知质量对消费者行为意愿的影响研究中，通过半结构化深入访谈的方法获取受访者对于广告音乐的看法、评价等，开发和建立广告音乐感知质量表。之后，通过问卷调查收集实证研究所需的数据，对研究提出的结构模型进行分析，完成包括中介效应和调节效应在内的相关假设的检验。[7][8]

四、研究经历

10年前，带着未来应该做什么研究的困惑，我与澳大利亚三个地方的学者进行了访问交流。经常去的昆士兰科技大学，有澳大利亚国家级的创意产业与创新重点研究中心，他们出版了一系列成果，也在定期召开大大小小的会议。令我印象深刻的是，他们对创意的关注点都很前沿，但主要是文化学者、文化视角。与Throsby教授的交流，主要是通过邮件，他是著名的国际文化经济学者，居住和工作在悉尼。[9] 他用非常优美的主流经济学的思想与方法，描述了文化经济领域发生的偏好、生产、最优化，但侧重的是文化，而不是创意。我主要在昆士兰大学，这里是国际上有影响的演化经济学的南半球研究阵地。其中一位年轻的学者Potts，从演化角度开创性地分析了创意经济的演变，构建了一个从微观、中观到宏观的三阶段演化模型。但Potts本身是一位经济学者，提供的微观描述是一个比较抽象和笼统的微观经济思维。

但是，Potts提及的微观阶段却给我带来了思考。综观整个澳洲，及更广泛的西方世界，从微观管理层面对创意的研究，尚处于碎片化状态，更不用说，有一个系统的体系。但那时，全球范围已经有了"创意经济学""创意产业经济学"。[10][11][12][13][14] 访学的一年前，我正好被引进到四川大学商学院工作，正处于从产业经济学如何转向管理学研究的困境与破题中。所以，在访学即将结束的时候，我在想，是否应该有一个"创意管理学"，是否可以试一试。回到国内，基于文化资本这一新兴资本的创造性力量的洞察，以起于青萍之末的第二次文艺复兴为社会变迁背景，我将创意管理逐步定位于一个新兴的工商管理分支领域与交叉学科，开始着手创意管理的持续推动。在四川大学社科处和商学院的支持下，我出版了中国第一套创意管理前沿研究系列丛书，在工商管理内增设了国内第一个创意管理博士培养点（方向），创立了《创意管理评论》学术集刊，成立了中国创意管理联盟，发起首届中国创意管理论坛，创设了国际创意管理专委会。这一系列成果和一系列活动，产生了广泛的社会影响。有了相关的研究基础，创意管理的教学开始启动。时至今日，形成了一系列的教学成果。2018 年，《创意管理学导论》正式出版，终于解决了国内教材空白的问题。2020 年，《创意与创新管理》荣获首批国家级社会实践一流课程。

五、研究的扩展

到今天，我们欣喜地看到，有关创意管理的研究和活动已经风起云涌。这些研究也越来越广泛，涉及文化创意的价值管理、创意实施的跨层次传导、网络众包模式下用户创意质量、数字创意产品多业态联动开发、创新模糊前端创意扩散、创业团队创意方案知识寻求等诸多领域。据统计，最近八年国家社科基金管理学科有关创意的立项有 8 项，最近三年国家自然科学基金管理学部有关创意的立项达到 10 项。[15]

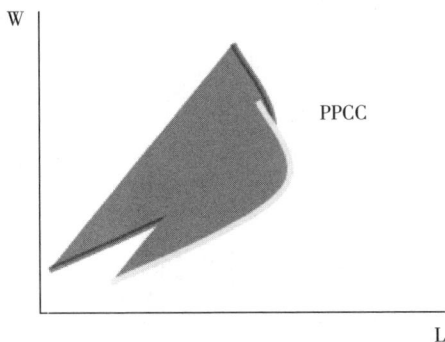

图 4　泛泛文化阶层画像（PPCC）

与此同时，借助蒂蒙斯创业模型，杨永忠（2021）所提出的泛泛文化阶层（Pan-Pan-Cultural Class，PPCC），进一步解释了创意产业蓬勃发展和创意管理兴起背后深刻的社会变迁（见图 4）。泛泛文化阶层作为新兴的文化阶层，第一个泛，代表了文化的多元性和包容性；第二个泛，代表了阶层的广泛性和丰富性，他已经不是过去狭义的文化人、艺术家组成的文化阶层，他可能是新农民、可能是新工人，也可能是一位可爱的邻居老太太。泛泛文化阶层的特点主要有三个，第一个是有闲，并且追求休闲；第二个是有位，并且追求品位；第三个是有为，不仅仅停留在想法层面，而是"说走就走"。泛泛文化阶层的画像是一条弯折的劳动曲线，随着收入的增加，他们更愿意选择更多的时间用于闲暇，追求品位。[16]

这一新兴的文化阶层，是世界面临百年未有之大变局，中国正在经历深刻的社会变迁，形成的新的社会阶层，是人民对美好生活向往的集中体现。以部分网红为代表，按粉丝数量，PPCC 保守估计可达到 4 亿~6 亿人。这一新兴的文化阶层产生了三个没有天花板的需求，一是新奇的消费，二是美学的消费，三是本我的消费。这三大消费为文化产业的品牌创新提供了新的机遇。字节跳动在短短八年时间为什么成为全球最大的独角兽，每天现金流量达到 6.5 亿元？正是由于它生产新奇，满足了人们"看稀奇"的需求，所以能迅速成长发展起来。

六、主要启示

10 年来，通过研究和教学实践，我们发现，创意对人的成长、组织的发展，非常重要。没有创意，哪有创新呢？没有卓越的创意，哪有划时代的创造呢？创意是一个人、一个组织成长的开启。从"钱学森问"我们发现，中国之所以缺乏伟大的创新，很大原因是缺乏创意。创意需要激发，创意需要转化，创意需要管理。但创意怎么管，管的边界、管的思维、管的方法、管的技术、管的规律，都需要深入探索。

创意管理学试图从微观管理视角，为一个新兴的经济现象梳理与之匹配的微观管理理论体系。作为一门正在迅速成长的、充满勃勃生机的新兴学科，创意管理学亟待国内学者特别是管理学者的研究和合作创造。

创意管理学的研究可以被描述为同心圆。最内核是针对创意的管理研究，创意本身就是研究的主体，是目前最稀缺、最重要的研究；紧密层是针对"创意+"的管理研究，比如，非遗创意、旅游创意、数字创意、元宇宙创意，多维多元扩散，是正受到关注的研究；外围层是针对"文化+"的管理研究，构成创意管理的广泛的基础，也是当今文化产业界最普遍的研究。核心层、紧密层、外围层，构成了创意管理研究的同心圆。

处于最内核的创意的管理研究，又涉及四个方面。首先，创意的价值研究。需要回答创意有没有价值，价值的体系、如何评估这一价值。其次，创意的生成研究。比如，合作创意、众筹创意，如何激励更好的创意形成。再次，创意的扩散研究。在组织范畴内，创意具有内生的冲突性。创意形成以后，如何在组织内部和合作组织之间扩散，以取得更多部门和相关组织的认知及认同。最后，创意的转化研究。即创意如何实现商业化，比如，视觉美感如何影响社交商务，广告音乐的感知质量如何影响消费者的消费意愿，空间气氛美学对溢价支付意愿的影响，等等。

中国悠久的历史所蕴藏的丰富的可资本化的文化资源，为创意管理学在中国的探索提供了多样的实践素材和广阔的理论创新空间。

参考文献

［1］杨永忠. 创意管理学导论［M］. 北京：经济管理出版社，2018.

［2］杨永忠. 第二次文艺复兴到来［N］. 社会科学报，2016-06-24（2）.

［3］杨永忠. 创意管理评论（第1卷）［M］. 北京：经济管理出版社，2016.

［4］杨永忠. 创意管理铜钱模型：中国，川作登字-2020-k-00089737［P］. 2019-11-10.

［5］杨永忠. 创意管理杨北斗模型：中国，川作登字-2020-k-00089736［P］. 2018-11-09.

［6］林明华，杨永忠. 创意产品开发模式［M］. 北京：经济管理出版社，2015.

［7］YANG YONGZHONG, SHAFI MOHSIN. How does customer and supplier cooperation in micro-enterprises affect innovation?［J］. Asian Business and Management，2020，19：530-559.

［8］YANG YONGZHONG, TANG YUNYAN, ZHANG YU, et al. Exploring the relationship between visual aesthetics and social commerce through visual information adoption unimodel［J］. Frontiers in Psychology，2021，12：700108.

［9］ THROSBY DAVID. Economics and culture ［M］. Cambridge：Cambridge University Press，2001.

［10］ COLBERT F，BILODEAU S，NANTEL J，et al. Marketing culture and the arts ［M］. Montreal：Chair in Arts Management，1994.

［11］ BILTON C. Management and creativity：From creative industries to creative management ［M］. Oxford：Blackwell Publishing，2007.

［12］ DOUGLAS HOLT，DOUGLAS CAMERON. Cultural strategy ［M］. Oxford：Oxford University Press，2010.

［13］ 理查德·佛罗里达. 创意阶层的崛起 ［M］. 北京：中信出版社，2010.

［14］ 凯夫斯. 创意产业经济学——艺术的商业之道 ［M］. 北京：新华出版社，2004.

［15］ 陈睿，杨永忠. 互联网创意产品运营模式 ［M］. 北京：经济管理出版社，2017.

［16］ 杨永忠. 泛泛文化阶层在中国崛起 ［EB/OL］. http：//k. sina. com. cn/article_7517400647_1c0126e4705901zh8t. html，2021-12-11/2021-12-15.

Basic Model of Creative Management: Development and Exploration

Yongzhong Yang

Abstract：The development of creative management has its realistic and theoretical background. The value-based research on creative management in China constitutes the most prominent feature and research division of the international research on creative management, thus forming a space of local expression and international dialogue for Chinese scholars in this field. The main models include the Creative Value Model, the Copper Coin Model, the Yang Dipper Model and measurement. The Pan-Pan-Cultural Class is an extension of the basic model of creative management. As a new business and cross science that is growing rapidly and full of vitality, creative management urgently needs the research and exploration from domestic scholars, especially management scholars.

Key words: Creative management; Basic model; Development; Exploration

创意城市的两难：士绅化还是创意治理？

——以深圳市城中村改造的"玉田模式"为例

◎ 袁　园[*]

摘要： 创意城市概念经过 20 多年运动式的发展在全球各地涌现了不少的案例，在大大改观了城市面貌的同时，也时常会被批评带来"士绅化"的弊端。本文以深圳市城中村综合改造的"玉田模式"为案例，探究在居民、政府、开发商、专业人士共同参与的创意城市空间改造实践中，创意治理是如何运作的。通过借用格兰诺维特的镶嵌理论和复杂系统视角来梳理该案例的治理逻辑，本文提出，士绅化现象有其特定的历史背景，并不是创意城市建设的必然魔咒，在一个动态的、系统的多层级复杂治理框架中，创意城市可以在不断自我迭代的实践中发展出规避士绅化弊端的创意治理机制。

关键词： 创意城市；玉田模式；士绅化；复杂系统；创意治理

20 世纪末 21 世纪初，"创意城市"这个概念获得前所未有的拥护，全球各地有抱负的城市纷纷加入而推动形成巨大浪潮。伴随着同一时期创意产业、

---

* 袁园，管理学博士，深圳市文化广电旅游体育研究中心副研究员，台湾实践大学兼任教授，国际创意管理专委会专委，广东省文化产业专家库专家，深圳市文化产业专家库专家。研究方向：创意城市、创意管理。电子邮箱：23134720@ qq. com。

创意阶层等政策、理念的推出，更是形成了一阵风风火火的"创意城市运动"，连联合国教科文组织也发起了"创意城市网络"项目，旨在鼓励以创意城市建设的范式推动全球城市、经济的可持续发展。但正如创意城市理念的提出者查尔斯·兰德利在他最近的著作中所总结的："创意城市这一概念同时引发了热烈的支持与争议"[1]。在全球创意城市实践的历史进程中，被西方学者所诟病的"士绅化"（Gentrification）似乎是城市中再生的创意空间生产过程中一道"阴影"，似乎使创意城市的讨论处于创意再生与士绅化之间的两难困境。

士绅化，指的是原本由城市底层居民或自由艺术家占据、使用的破败城市空间，经过创意再生后，增加了文化资本和经济价值，从而变成了都市精英才能负担的昂贵社区。历史地来看，这自然是一个在实践过程中曾客观存在的状况。然而，如果认同现代性的"反身性"是构成后现代/后工业社会的重要特性，那么在"创意"视角的自我迭代中，现实并非一成不变，可以是被某种标签所概括的静止状态。正是在一个动态生成的过程中，"创意"及"创意城市"的概念才具有完整的意义。不过，笼统谈论士绅化现象与创意城市治理的迭代问题，显得过于宏大而抽象。因此，将其放到一个具体的案例中进行观察、探讨，成为创意管理研究的一个重要方法。

深圳的高速的城市变迁和不断出乎意料的"自我迭代"方式总是能为城市，尤其是创意城市的研究者提供绝佳的研究案例。由于有着特殊的城市历史背景，城中村对于深圳来说是一个特殊而不可忽视的存在。深圳市政府对于城中村的官方叙事也经历了一个持续转变的过程，即从曾经将其视为有碍观瞻的"毒瘤"进行大拆大建，到后来经过学者、建筑师、规划师、设计师等"创意阶层"10余年的努力，开始认识到城中村的历史文化价值和对新移民"落脚城市"的空间承载价值。深圳城市村对于城市文化和经济发展的意义得到官方认同。因此，破除过去大拆大建的"粗放式"更新，鼓励各区因地因时而异，对城中村进行创造性的综合改造，从而逐渐涌现出充满创意的生机[2]。

其中，深圳福田区南园路玉田村（向东围）综合改造提供了一个新的有趣案例。虽然媒体和官方总结的"玉田模式"似乎一目了然，是一种"长租公寓"的解决方案，但在实践的演化中，却显示出更为复杂的社会互动和空间生产机制，能够为我们的创意城市治理提供更多启示。

一、何谓"玉田模式"

（一）玉田村创意改造的基本情况

福田区南园街道的玉田村（经过 2021 年初的行政调整之后，改名为向东围），坐落于深圳两条主要的交通动脉——深南大道和滨河快速之间，与深圳第一家大型高端综合商场中心城市广场（原初由日本的西武百货经营）仅隔一条双车道的小马路（南园路），与深圳地标拓荒牛及荔枝公园旁的邓小平画像都是隔着深南大道步行可达的距离。其周边地铁、公交等公共设施齐全，中小学林立，拥有滨河小学、南园小学、滨河中学等公共教育机构，人口与住户都颇为密集。玉田村由于处于老深圳的核心地带，历史悠久，开发较早，业主构成和流向也颇为复杂。根据田野访谈了解到，楼房物业经过三代人的传承，要么同一栋楼房经过分家属于不同业主，要么经过开枝散叶后继承到楼房物业的子孙后代已经移居中国香港地区或英国、加拿大、美国等海外国家。这为物业管理带来了巨大的二手寻租空间。不少业主为了减少回到现场处理杂务的烦琐，将整栋楼或自己的物业统一租给深圳本地的"二房东"，再由"二房东"分租给不同的租户。据访谈了解到，这样的"二房东"为了尽可能大地榨取租差，将空间尽可能地做分隔，最极致的是在 100 平方米的空间中竟然容纳了100 个租客。由于该村的地理位置优越，交通方便，造成了市场上供不应求的租赁现状。但居住人员过于密集，加上城中村建设时期的电线网管的老化和长期超负荷运转，给该村带来了极大的安全隐患。因此，对该现状进行改造和调整势在必行。

在福田区领导的关怀和提议下，由福田区南园街道办牵头，给玉田村的村民做城中村改造创新的思想工作。经过半年多的联络、讲解、宣传和沟通，

2017年9月29日，由福田区南园街道玉田村村民组成的深圳上步实业股份有限公司玉田分公司与万科集团旗下的深圳万村发展有限公司签订合作协议，标志着一个崭新的城中村改造模式——"玉田模式"的开启。与过往的城中村改造将城中村老旧建筑完全拆除不同，此次玉田村的综合改造并不是改变城中村建筑的业主权益，而是在福田区政府领导的建议下，邀请著名房地产公司万科旗下的长租公寓品牌"泊寓"的运营方，以玉田村为试点，加入城中村改造的行列中。其基本运作方式是将原本由单个业主各自收租为阵的城中村租赁业态改造为有品牌管理和物业管理的长租公寓模式，由万村发展有限公司（后简称"万村"）将签约业主的房屋物业进行统一的重新装修、结构调整、业态规划，打造为"泊寓"品牌，在城中村改造领域形成一个标杆性产品。

截至签约之日，玉田村有43栋楼房的业主与万科达成了最后的合作协议。他们以每平方米60元的价格统一租给万村，万村收到楼后，按照"泊寓"的品牌风格对所有签约楼房进行基础设施的整体改造，包括电网改造、水管改造、楼房外墙面、公共路面和个别楼房之间的建筑结构打通、加装电梯、室内统一装修、配备基本家具，另外提供付费的网络服务及自愿选择的洗衣机租赁服务。2021年3月，笔者走访由玉田村（改名为向东围）和周边的祠堂村所组成的泊寓上步店时，了解到改造后的泊寓单间价位有2000元左右、2800元左右、3200元左右不等，定价与房间面积大小、采光情况、是否可用改装电梯，以及是否有阳台等情况相关。除此之外，改造后的公寓还引入了专业的物业管理，提供公共安全、卫生保洁服务，每个月的物业管理费150元。目前其出租率95%以上。

（二）"长租公寓"模式的背后

从以上的基本信息来看，玉田村的创意改造似乎有点平平无奇，玉田村的空间治理在最表面上可以很简单地理解为在区政府领导的提议下，由玉田村村民所在的股份公司与地产商达成协议，在自愿参与的前提下，把村民的可租赁空间统一租给地产商，经过整修翻新后，再由地产商面向市场推出房屋租赁产品。但值得注意的是，如果万科仅仅是进行了房屋功能上的翻新，这个城中村的综合改造案例的魅力将大打折扣。

由于案例所在地正处于笔者之前办公地点的附近，因此笔者对这个案例的第一次田野考察始于一次无意的街头发现。首先，一栋四层小白楼的二层出现了 1200 bookshop 的视觉标识。这是一家始于广州的网红书店，而且有独特的营销方式，例如，可以让读者在书店借宿，而成为一个创意书店的著名案例。其次，发现书店楼下的"反正"餐厅和楼上的取舍行旅都是大众点评网上的潮流打卡地。我几乎每次去"反正"餐厅吃饭或喝咖啡，都能见到网红们在取景、摆拍。最后，旁边的两层小白楼也作为取名为 N. A. D. O 的日式轻食餐厅开业了，整栋建筑无论内外都有很强的设计感和都市风格，顺手一查，原来是日本建筑师青山周平的作品。在网络上因为售卖 Vintage 商品和空间文化而出名的"旧物仓"也将它们的第一家深圳门店开在了泊寓。

根据对泊寓租赁空间内所在商户和住户的访谈及田野考察，"长租公寓"背后的空间治理手段进一步显影。对于清晰认知到中国房地产市场已从增量扩张到存量运营阶段转型的万科来说，玉田村的改造是他们开始尝试存量运营地产转型的尝试。可是究竟应该怎么做呢？万科并没有经验，但万科有资源和眼界，他们引入了之前在上海合作过的从事城市空间运营的专业团队——"Assbook 设计食堂"。Assbook 设计食堂是一个在建筑文化圈中颇有影响的自媒体（本人恰好还关注过），创始人尤扬是深圳人，事业开创在上海。除了运营设计食堂的公众号，尤扬还从 2017 年发起了"城事设计节"，并参与了上海愚园路、新华路的街区更新，因此在这之前他已经积累了较为成熟的城市街区和社区更新理念与实践经验，以及沪深两地广泛的设计师社群的人脉。

2018 年的"城事设计节"在深圳举办，由万科作为主要的活动共建方/赞助方。其中，玉田村是一个以"美好玉田"命名的重要的活动分展场。此活动对玉田村空间形象的转型起到了暖场作用，不仅请来了青山周平改造此区域的独栋空间，而且在公共空间里设计了"城市士多"的快闪点，与社区居民进行沟通和交流。另外，还邀请了八组艺术家、建筑师团队在社区不同角落设计艺术装置作品，以改造城中村原本单调、枯燥的空间氛围。通过此公共文化活动，玉田村吸引了建筑设计圈内的注目，一时成为城中圈内的文化焦点。

"城事设计节"一方面在城市社区空间的现场进行着创意介入的改造实践，另一方面在城市的室内空间举办论坛，邀请国际先发地区的城市空间治理能人来交流，并邀请了在日本社区创生领域拥有多年深耕经验的木下齐和马场正尊，以及来自中国台北、深耕都市营造领域 25 年的周育如。这个部分看似与玉田村改造没有关系，但被邀请嘉宾的观点恰恰是"设计食堂"原本就认同并运用在后续的玉田村改造实践中的理念。嘉宾中的木下齐是一个不仅有很多实践案例还有多本著作出版的著名人物，包括《地方创生：小型城镇、商店街、返乡青年的创业 10 铁则》《社区营造经营力养成讲座》。他最有影响的观点或者说最擅长的是以"企业经营"的观点从事地区振兴、公益创业，并提出了"没有达到营利目标就不算是地方活化"的主张。秉持着唯有通过有营利的"企业经营"才能使社区活化具有可持续性的关键理念，木下齐在诸多成功尝试之后，成立了熊本城东股份公司，对当地空屋进行改造，借由高毛利入驻新店提升营业额、美化不动产的道路环境，进而提升地区整体的资产价值。

在玉田村综合改造的这个案例中，万科将城中村房屋改造为长租公寓，并以刚落脚的深圳年轻人为目标客群，意味着租金收益在租赁成本、改造成本和市场可接受度的几重限定下是有限的。如何使此类城中村改造模式变得可持续并保持一定的经营利润，是开发商需要考虑的核心两难问题。高毛利的商业空间的配比，成为解决这个问题的一个突破口，在设计食堂介入的方案策划中，带文化属性的网红餐饮及文化商业业态成为最终的调性选择。据访谈调研所知，旧物仓、反正餐厅、1200 bookshop、籽舍都是尤扬以自己和朋友的创意网络为资源，分别从珠海、厦门、广州及深圳宝安区引入玉田村改造后的泊寓租赁物业中的优质商家，他们原本就有自己的文化格调和网红属性，拥有自己的网络粉丝和品牌辨识度、文化影响力；在这些品牌的带动下，以做黑胶和经典CD 唱片、高端耳机、音乐播放器为主要业态，在音乐文化运营领域颇有影响力的声音图书馆也将他们的深圳首店放在玉田村的泊寓；参与了玉田街区商业业态策划的品牌策划人麦田甚至自己也参与创业，在玉田村开设了精酿啤酒选品店 Aak Shau；而由网红建筑师青山周平设计的独栋小楼则被拥有丰富的网红餐饮创业经验的团队看中，在此开设了集饮品、日式轻食和酒吧为一体的集合店 N. A. D. O。玉田村因为这些店面的存在而不断吸引着新鲜的客流，为街区注入了多样化、流动性的活力。

（三）"看不见"的网络

开发商在引入了专业的社区营造建筑师设计团队和先进的社区更新理念之后，同时考量着它们的投入产出比。据了解，原本专业团队的规划是一个规模更大的社区商业形态，但由于万科团队在管理人事上的变动，加上新冠肺炎疫情因素，他们并未将原初的计划完全实现。

不过，在第三轮的田野考察中，笔者却有更有趣的体验和发现。在与声音图书馆的店长高峰、籽舍合伙人陈屿、握手精酿啤酒店的店长 Yo 酱的访谈中，他们都非常热切地谈到了对自己所做事情的喜爱，无论是音乐文化还是植物种植分享，或者是精酿啤酒文化，他们都由衷地散发出一种想要做自己喜欢的事情并与他人分享的强烈愿望和热情。他们彼此之间相互熟识，不时地相互串门（分享上报的喜讯等），在重大节庆日共同举办联名活动，创造了街区的文化氛围。Yo 酱说，在她的小店，单身青年多，但客人们很容易打成一片，有的甚至还在她的鼓励、撮合下发展成恋人关系并最后结婚。陈屿也谈到，他们针对社区举办的植物栽培比赛活动也受到社区有孩子家庭的追捧，而为新年策划的派对门票、开业纪念日门票往往都卖爆，甚至有本市较远地区的客人为参加新年跨年特意在附近租一间酒店入住。他的解释是，现在市面上大众化的娱乐活动太同质化了，已经没什么新意了，所以一旦具有创意的庆典活动被推出，就会很受市场欢迎，而且往往是住得比较远的其他区的青年更踊跃。高峰也谈到，来声音图书馆打卡的往往是其他区域的，甚至是省内其他城市的人慕名前来，因为店内设计就是让顾客有很好的音乐体验，而不是堆满了商品，不仅针对不同年代的商品有选品，而且提供舒适的视听区域，采用自家售卖的高端耳机，不断推介更新不同的音乐类型和音乐背后的文化分享。这是他们早年在网络上就积累的口碑和知名度所产生的文化影响力。

因为这些文化创业的店家本身对各自经营的文化的热爱，所以他们相互之间逐渐发展出一种创意社群的网络。这种无形的网络因为空间的聚集而产生，同时又以一种自发联合的自治理方式，反射到空间的无形治理中，即不断在日常、文化节庆中生产出原本没有可能产生的联结、关系、互动和文化活动事件。

二、创意城市的两难：士绅化与创意治理

（一）"士绅化"概念的发展

回到之前我所提出的"士绅化"还是"创意治理"的两难问题。"士绅化"的批评是国际创意城市研究文献中最常见的批评声音，往往与新自由主义的经济政策相连，有不少学者认为创意城市政策的流行，在某种意义上更是加剧了新自由主义政策在城市空间权力上分配的不公。梳理士绅化的文献，Gentrification 一词最早是由英国社会学家 Ruth Glass 于 1964 年提出的。"二战"后，随着英美国家相对单一的郊区化居住形式与文化氛围被新生一代的中产阶级所厌倦，回归市中心成为一种潮流，Glass 用这个词来描绘当时伦敦内城出现的中产阶层取代工人阶层居民的城市社区变迁过程[3]；美国的 Neil Smith 则将传统的士绅化过程定义为中产阶级置业者、土地所有者与职业地产开发商对于工人阶级居住邻里进行占有和取代的过程[4]。有部分学者认为士绅化不过是一种短暂的、无关紧要的现象[5]，但不少学者从社会学和政治经济学的角度持续研究，已将其推向当代城市更新研究的前沿课题[6][7]。传统的士绅化研究只关注当地甚至局限于单个社区邻里的变化，但越来越多的学者开始关注士绅化与全球化的影响的关系，以及城市空间秩序的重构等问题[8][9]。因此，士绅化研究朝着广义化发展，哈维认为广义的士绅化研究反映了资本积累和城市劳动力市场的重构等更广泛的变化[10]；而从空间分布和发生场所上看，有

学者认为在后福特主义和全球化的背景之下，士绅化已经成为一种全球化的现象[11]，甚至已经成了"全球城市"的标签[12]。

除了在研究范围上将士绅化研究泛化之外，在解释观点上，也存在两个主要立场方的争论，一个是以 David Ley 为代表的从强调文化、消费偏好和消费需求方出发的"消费方的解释"，另一个是以 Neil Smith 为代表的强调资本、阶级、空间生产供应方出发的"供应方的解释"。前者认为士绅化现象是在后工业社会时代背景下自然产生的，主要推动力来自中产阶层自身的文化导向、消费需求[13][14][15]，而后者认为士绅化主要受到经济利益的驱动，而非文化，不是单独消费者的文化倾向及其消费选择所引起的，而是与资本的流动联系在一起的[16]。随着研究的发展，不少学者提出应对两种观点进行综合和互补。随着全球资本的融入和全球人力资源流动的加剧，日益复杂化的士绅化现象用单一的和线性的解释都无法生效。因此，进入 2000 年后，有学者呼吁，要在士绅化研究中特别重视时间性和文本性，以理解不同时间、不同地点和不同背景下的士绅化现象[17]。

对士绅化在社会空间生产上所产生的影响，研究者们也是褒贬不一。虽然士绅化最初作为一个中性词汇，描述了一个特定的社会变迁过程在城市空间上带来的变化，但大量负面影响所带来的诟病也使这个术语越来越带有批判意味。以 Smith 为代表、持批评态度的学者们认为，士绅化虽然美化了城市景观，但在带来局部地区经济复兴、地方政府税收增加的同时，不可避免的阶级替代也催生了更多的城市贫困、流浪汉、阶层不公乃至社会冲突。但也有学者认为士绅化是一种城市文化和价值取向趋向包容和多元化的解放运动[18]，甚至能够促进良性的社会混合[19][20][21]。

回顾士绅化的研究文献，可以发现士绅化现象是与社会和时代的发展紧密联系在一起的变化过程，其背景可以追究到全球经济的演变和互动影响，而其产生的影响也是喜忧参半。因此，这个术语有其特定的研究背景、理论框架和要回应的政治经济制度。其负面评价的主要动因来自学者们对城市中弱势群体的人文关怀。因此，笼统地评判一个空间生产的后果是不是士绅化现象并没有实际的意义，因为有利有弊的影响很难促进制度的实际变迁。士绅化过往的研究历史和研究成果应该被视为我们当下城市治理的一个考量参数，只有在具体的案例实践和研究中通过"士绅化"的反思来获得某种"自反性"的应对策略，并促进新的相关治理机制的形成，才能对现实社会的演进产生真实的作用。

（二）创意治理如何可能

治理之所以被命名为"创意"的治理，意味着它是因时因地因具体情况而采取的符合具体情况的治理方式，因此很难从源头上将其本质化。但这也并不意味着创意治理或者创意城市的概念提倡没有意义。正如士绅化研究的文献回顾所呈现的，原有的思维系统和理论框架过于笼统而很难因应现实中处于范式转型和对象不确定的实践需求。21世纪以来，以数字经济为代表的创意经济在全球的勃兴，绝不是在产业分类学的意义上新增了一个"创意产业"或"文化产业"的产业分类，而是意味着一种经济、社会发展范式的转型[22]。而在转型的过程中，"创意"叙事被政府、学界、媒体、大众广泛关注、认同，也绝不像某些学者所批判的仅仅是一种简单天真的、"一切都是玫瑰色的"叙事，它有很多方面的价值，是一种对新价值生产机制的概括，但在基本的意义上，标示了一种难以一概而论、难以化约的复杂性系统正在成为新的思考范式。在《复杂治理》一书中，清华大学社会学系与公共管理学院合聘教授罗家德提出：

"复杂系统视角要对抗的是学界过去形成的一种学术典范，以至于也成了很多人的思维典范，叫作'化约主义'，也就是还原论……还原论试图通过不断地切割对象，来找到支配实物构成与规律的终极法则。而复杂系统视角则力图打破这样的思维，以系统作为研究的对象，创立新的理论框架体系和研究范式，应用新的思维模式来理解世界带给我们的问题。"[23]

借用复杂系统理论的视角来看当代城市的都市更新，原来的治理方式（大拆大建）已经不合时宜了，但新的受到实践和理论检验的治理制度又尚未出台，这一切都是在不断摸索和"迭代"的创意过程中，在实践中经历具体演化形成的。因此，对多样的、具体的演化案例进行反复的田野调查和多主体身份的质性访谈就是一个重要而不可回避的研究方法。

回到玉田村改造的案例，从以上几轮的田野调查中，我们会发现玉田村的综合改造及其效果在其表面空间形式的变化背后，其实含纳了好几个层面的治理实践：第一个层面是区政府层面，引进房地产商，以"长租公寓"形式来改造城中村老、破、旧的现状的一个"创想"实践；第二个层面是房地产商在现有国内房地产发展增量放缓的局面下，以城中村为代表的城市存量空间更新、空间运营为转向，借助具有城市社区空间品牌运营经验的建筑文化团队的专业策划，来运营带有创意特色的街区空间；第三个层面是经由空间运营专业团队以"策划式"/"策展式"技术，借由创意网络的关系资源和可辨识的文化品牌的"文化资本"所形成的新的文化创意空间的聚集，在"邻近性"的因素影响下，这些文化创业者们不仅本身就成为这个社区的日常性的组成成员，而且自发地形成特殊的网络合作关系，本着品牌推广、品牌互利和社区营造的共同诉求，通过不同形式的文化活动，介入社区空间的文化生产，加强了与社区居民的互动联系和文化传播，进而形成了一种看不见的空间治理。这是一种基于日常生活和空间集聚所发生的"可持续"的文化生产，既服务于社区居民，又借由网络媒介的传播而服务于整座城市的文化消费者以及慕名前来打卡的文化旅游者。

这三个层面的治理是在不同的层面由不同的主体参与，进而在空间治理的角度来看，组成了一个多层级的复杂治理系统。其中尤其以第三层治理所涉及的网络治理（自治理）最容易被忽视，甚至在刻板印象的影响下很容易被批评为"士绅化"的表现。而事实上，我们所说的当代的、活的、年轻人的都市文化恰恰正是在这个层面上得以持续生产。这种文化强调对专业（音乐、植物、精酿啤酒、建筑设计等）本身的爱好和借由活动来达成的专业知识的传播，强调与志同道合者的联结，强调社区的凝聚力，强调在地的特色。这些观念在这些店家/文化生产者、传播者之间共同分享，既为社区服务，又给他们在网络上形成的粉丝群体提供了现实交流的"联络点"。格兰诺维特[24]借用了卡尔·波兰尼的"镶嵌"概念[25]，发展了哈里森·怀特的"社会网理论"[26]，并创立了"新经济社会学"。他强调经济行动镶嵌于社会关系之中，并指出，网络或自组织作为第三种治理模式，能够补充层级和市场的不足，提供更具创造力的系统活力。而在玉田村的这个城中村综合治理案例中，正是来自政治体系层级系统的第一层治理，与来自市场运作机制的第二层治理，再加上经由特定文化逻辑和社区定位而策划的创意聚集群落日常所开展的网络化的自治理，构成了一个复杂系统视角的创意治理实践。

三、小结

本文以一个具体案例的质性研究，探索了创意城市语境下，城市更新过程中，城中村这一类城市空间的再生产和在地文化的再生产是如何完成的。通过三轮不同认知程度的实地考察、参与式观察和访谈，该文对玉田村长租公寓模式背后，与之同步运营的文化生产机制和治理方式进行了深度挖掘，发现该城中村更新案例中，在政府、民营房地产企业、村民、专业性的空间运营团队、个体的文化创业品牌/创业者、市民/消费者/文化游客、知名媒体等多主体自觉或不自觉的共同参与下，形成了一个复杂治理的系统。尤其是对第三个层面"自治理"网络的显影，呼应了格兰诺维特借由"镶嵌"理论发展的网络式治理，进而提出在当今复杂系统思维的研究范式转型下，"创意城市"概念以鼓励创新、实验、迭代的内涵顺应了这个发展趋势，仍然具有积极意义；而"士绅化"的概念则是在特定历史背景下，从传统"化约主义"思维框架内产生的概念，并经过多年的发展，其原本带有的为社会弱势群体发声的价值诉求却在学者们对具体问题具体分析的喜忧参半的结论中显得过于宽泛，失去了具体的批判的焦点和指导实践的行动力。

因此，本文的结论是，创意城市在深化研究的进程中，通过复杂治理体系的视角，在一个具体的层面上回应"士绅化"概念所提出的问题和社会挑战，并将其融入找出特定解决方案的创意治理体系的实验、实践中。空间生产和消费、文化经济生产和消费的创意管理研究应当在复杂系统视角的理论框架内，重新反思过往的若干概念和研究范式，意识到跨学科研究的必要性，并能以综合性、多样性的研究方法达成相应的研究目标。

本文通过对玉田村综合改造的"玉田模式"的案例分析，指出了该模式背后具体各个层面的治理机制是如何运转的，不仅提供了城中村更新的空间生产的创新案例，更揭示了与空间生产相伴的文化生产是如何在市场和自组织网络这两个不同层面上运行的，有助于我们更好地理解当代都市在创意经济的范式转型下，文化生产和消费与空间生产有意识结合后产生的多重意涵，即它既是经济的，又是社交的；既是线下的，又是线上的；既是在地的，又是跨域的。更值得注意的是，当代文化创意产业的发展已经深入日常生活和人际关系重组中，本文可为未来城市的空间和文化生产的组织方式提供借鉴。

不过，在案例访谈对象的选择上本文还有未尽之处，虽然有对泊寓工作人员的随机访谈，但是缺少对万村或万科相关管理层的质性访谈；虽然有对南园街道相关政府干部的深度访谈，但是缺少对福田区政府相关部门管理层的访谈。因此，其一，研究发现主要集中在治理系统中第三层"自治理"的发现上，而对复杂治理体系相互之间如何配合、影响、协作的发现还不足。其二，作为单一案例研究，难以通过多案例比较、归纳形成具体治理框架的提炼。作为深圳城中村改造研究序列的一部分，本文案例还需要在未来与深圳更多的创新案例或者其他区域的案例进行深化的比较分析，以期能在范式转型的试验场中，通过系统性的质性研究，为相关领域整体制度创新提出相应的政策建议。

参考文献

［1］查尔斯·兰德利. 创意城市打造——决策者指南［M］. 田欢，译. 北京：社会科学文献出版社，2019.

［2］袁园，黄士芳. 深圳城中村叙事的流变与城市文化转型［M］. 上海：上海书店出版社，2017.

［3］GIASS R . Centre for urban studies, University of London. London：Aspects of change

[C]. London: MacGibbon & Kee, 1964.

[4] SMITH N. Gentrification and uneven development [J]. Economic Geography, 1982, 58 (2): 139-155.

[5] BERRY B J L. Islands of renewal in seas of decay [A] //Preston P. The New Urban Reality [C]. Washington, D. C.: Brookings Institution, 1985: 69-96.

[6] HAMNETT C. Gentrification and the middle-class remaking of inner London, 1961-2001 [J]. Urban Studies, 2003, 40 (12): 2401-2426.

[7] SMITH N. New globalism, New urbanism: Gentrification as global urban strategy [J]. Antipode, 2002, 34 (3): 427-450.

[8] FAINSTEIN S, Gordon I, Harloe M. Divided cities: New York & London in the contemporary world [M]. Oxford: Blackwell, 1992.

[9] MARCUSE P, Kempen R. Conclusion: A changed spatial order [M]. Oxford: Blackwell, 2000.

[10] ATKINSON R, Bridge G. The new urban colonialism: Gentrification in a global context [M]. London: Routledge, 2005.

[11] SASEEN S. The global city [M]. Princeton, NJ: Princeton University Press, 1991.

[12] LEY D. Liberal ideology and the postindustrial city [J]. Annals of the Association of American Geographers, 1980, 70 (2): 238-258.

[13] LEY D. Inner - city revitalization in Canada: A Vancouver case study [J]. The Canadian Geographer/Le Géographe Canadien, 1981, 25 (2): 124-148.

[14] LEY D. Alternative explanations for inner-city gentrification: A canadian assessment [J]. Annals of the Association of American Geographers, 1986, 76 (4): 521-535.

[15] SMITH N. Toward a theory of gentrification a back to the city movement by capital, not people [J]. Journal of the American Planning Association, 1979, 45 (4): 538-548.

[16] LEES L. A reappraisal of gentrification: Towards a "geography of gentrification" [J]. Progress in Human Geography, 2000, 24 (3): 389-408.

[17] CAULFIELD J. City form and everyday life: Toronto's gentrification and critical social practice [M]. Toronto, Ontario: University of Toronto Press, 1994.

[18] BUTLER T, HAMNETT C, RAMSDEN M. Inward and upward: Marking out social

class change in London, 1981–2001 [J] . Urban Studies, 2008, 45（1）: 67–88.

[19] DUANY A. Three cheers for "Gentrification" [J] . The American Enterprise, 2001, 12（3）: 36.

[20] FREEMAN L. There goes the hood: Views of gentrification from the ground up [M] . Philadelphia, PA: Temple University Press, 2006.

[21] LAMPEL J, GERMAIN O. Creative industries as hubs of new organizational and business practices [J] . Journal of Business Research, 2016, 69: 2327–2333.

[22] 安吉拉·默克罗比. 创意生活: 新文化产业 [M] . 何道宽, 译. 北京: 商务印书馆, 2017.

[23] 罗家德, 曾丰又. 复杂治理——个人和组织的进化法则 [M] . 北京: 中信出版集团, 2020.

[24] GRANOVETTER M. Economic action and social structure: The problem of embeddedness [J] . American Journal of Sociology, 1985, 91: 481–510.

[25] POLANYI K. The great transformation: The political and economic origins of our time [M] . Boston: Beacon Press, 1992.

[26] WHITE H. Chains of opportunity: System models of mobility in organization [M] . Cambridge: Harvard University Press, 1970.

The Dilemma of Creative City: Gentrification or Creative Governance?

Yuan Yuan

Abstract: With 20 years' development of the creative cities all over the world, there emerged thousands of cases which improved the urban images and regenerated the urban economic, but also were labeled with "gentrification" by critics. This paper aims to explore how the creative governance was operated in the practice of creative city space transformation, among which the neighborhood, the government, the developer and the professional co-participated, through the case of the urban village Yutian regeneration. By introducing the embeddedness theory and complex system perspective of Granovetter, this paper argued that gentrification is not a necessary spell of creative cities, as this concept has its own historic context. In the end, the conclusion goes to a proposal of dynamic and systematic framework of multi-level complex governance in the creative cities building, which agrees that the creative governance mechanism could be developed beyond the side effect of gentrification in the consistent self-iteration of governance practices.

Key words: Creative city; Yutian model; Gentrification; Complex system; Creative governance

服务设计重塑品牌场景体验

◎ 高曰菖　刘　燕*

摘要： 在传统的办公家具展厅内，虽然商品琳琅满目，且销售人员也会根据用户的喜好介绍商品优势，但销售的过程难以提供用户良好的购买体验。本文基于开放式创新的思维，借鉴服务设计理论，将其融入家具品牌展厅再设计，提出相应的创新路径和解决方案；运用文献归纳分析、观察法等，以震旦旗舰办公生活展厅的案例进行研究，探究展厅的服务属性。本文在研究过程中，重新定义用户并移转为精准分众，以服务设计蓝图作为流程诊断的共创工具，经过与不同利益相关者共创，洞悉参观旅程中的痛点，最终收敛归纳了专业显性化、产品会说话、体验数字化、品牌具象化四个体验策略，加强了单个产品与整个场景的脉络关系，重构了展厅参观动线及品牌场景解决方案，为服务设计赋能展厅服务创新提供启示。

关键词： 服务设计；用户体验；开放式创新；精准分众

＊ 高曰菖（1966—），震旦（中国）有限公司创新中心总经理，台湾实践大学创意产业博士，副教授，研究方向：家具设计、服务设计、设计思维、设计战略（rexk @ aurora. com. cn）；刘燕（1986—），震旦（中国）有限公司创新中心研究员，研究生，研究方向：家具设计、用户研究与服务设计（243034871@ aurora. com. cn）。

一、概念阐述：服务设计、用户体验与开放式创新

服务设计是一个多学科领域，它通过设计思维方法帮助创新服务[1][2]。服务设计的本体属性是人、物、行为、环境、社会之间关系的系统设计，是基于系统整合、跨专业协作的方法论[3]。全面的服务设计必须是理念与商业模式的转变，是基于开放式创新方法和工具的综合应用[4]。

（一）服务设计

服务设计最早可溯源 20 世纪 80 年代。美国经济学家 Shostack G. Lynn 于 1982 年提出了服务蓝图（Service Blueprints），将客户行为的服务组织过程可视化，包括员工在前台（客户可见）和后台（客户不可见）中的行为，以及支持流程[5][6]；将有形产品与无形服务组合，以提高服务效率和利润[7]。2009 年，西方设计理论学家 Christopher H. Lovelock、Luis M. Huete、Richard B. Chase 和 David A. Tansik 等强调服务设计就是要将用户体验的理念融入服务接触点的规划和服务流程本身，提高服务质量，优化服务流程[8]。2011 年，美国学者 Marc Stickdorn 等明确提出了"服务设计思维"（Service Design Thinking）的概念体系[9]。在服务设计的思维框架下，存在着不同的服务设计定位，它可以以产品的附加价值出现，可以作为主体进行服务流程的再造，也可以是理念、商业模式和范式的转变[10]。

（二）ExS 以体验为中心的服务设计

服务是一种过程，当服务结束后，记忆将保存过去的"体验"。在体验经济中，为用户创造难忘的体验对公司来说最为重要[11][12]，因此以体验为中心的服务（Experience-Centric Service，ExS）应该得到关注。企业通过设计具有情感吸引力的事件和活动，提供以体验为中心的服务，让用户产生独特的记忆[13][14]，从而提高商业机会和利益点的转化率。Kim 等[15] 运用矩阵体验设计板（Experience Design Board）来可视化 ExS 快递系统（包括服务后台、前台员工、其他用户、后台员工，以及技术支持系统），整合不同的工作流和工

具，来创造更好的用户体验。

（三）开放式创新

在以用户为中心、体验至上的时代，传统企业所推崇的以生产为导向的封闭创新已经过时，转而以服务为主导、强调体验价值的开发创新成为主流，而如何转化闲置资源、激活利益相关者成为创新扩散的良方[16]。哈佛大学教授亨利·切萨布鲁夫（Henry Chesbrough）于2003年首次提出了"开放式创新"理论[17]。该理论揭示，从服务用户的视角驱动内外部资源进行创新协作，能重塑新的商业机会[18]。在开放式创新的理念体系中，有一个核心关键是洞察"精准分众"。精准分众是创新扩散理论的早期采纳者或称之为领先使用者[19]，他们具备高度专业影响力、清晰的创新逻辑等特质。服务设计提供者通常可以从精准分众的经验值中挖掘到精准需求，并将内隐知识转化为设计原则。

服务设计的价值共创是利益相关者协作的创新方法，是开放式创新的重要实践[20]。服务设计提供者与利益相关者一起参与到服务系统规划中，一起对服务情景和服务系统中存在的问题进行挖掘，进而创造共同价值。在具体设计实践中，反思谁是关键用户、如何转移直观用户为精准分众，对服务设计的成败至关重要。

二、品牌体验馆服务设计实践

人们的办公行为和采购需求随着世代更替和科技的发展不断演变，传统的家具展厅仅用来展示产品或商品组合都已不能很好地满足用户期待。作为办公家具解决方案提供者，我们致力于"让人们办公生活更美好"（Better Work. Better Life）。未来，人们将更加注重体验，他们希望展厅带给他们的是身临其境的场景代入感。因此震旦重新定义展厅，旨在建设创新型、体验型、服务型企业品牌展示馆。

震旦希望通过研究现有销售使用展厅和用户采购体验中的痛点和机会点，制定理想的用户体验地图和渠道策略；根据研究结果和策略，进行微信端概念设计和展厅空间设计，将展厅从展示有形产品向具有更高商业附加值的服务设计模式转变。

（一）研究过程设计

在浦东办公生活旗舰展厅项目中，震旦采用定性研究方法，走访了国内多家知名办公家具品牌展厅，拜访了多名办公领域专家（包括家具行业拥有 3 年以上工作经验的杰出销售代表和高管、百强企业用户、高级采购主管和空间设计师），通过对精准分众的信息挖掘，发现以下五大关键洞察：

（1）以用户为中心。过往展厅只是贩售产品，从产品的角度出发，并不是从"以用户体验为中心"的角度出发，因此展厅更像装修卖场，消费者无法感知并享受到流畅的、个性化的服务体验。

（2）全场景的服务。服务应该是贯穿参观前、中、后整个旅程，引导用户使用产品、与产品互动。不同的用户涉及不同核心场景，设计不同的沉浸式体验和空间动线，在标准化的服务旅程中提供"Wow Moment"的 A-HA 亮点（见图1）。

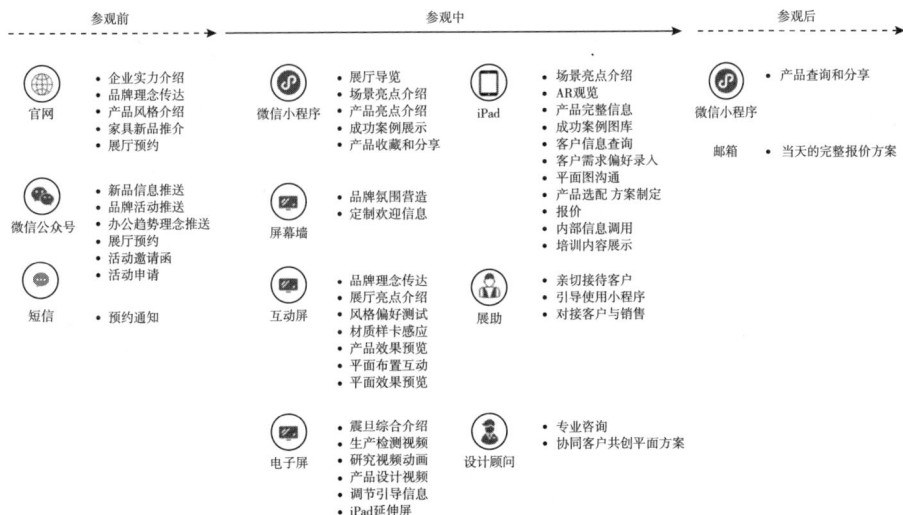

图1　展厅服务旅程

资料来源：震旦中国有限公司，余同。

（3）用户需要"概念"。之前，产品与用户缺乏空间联系，用户无法获知产品在自己空间中的大致感觉。现在，通过模拟真实办公场景，给予用户更加真实的感受。

（4）展厅场景设计。部分用户希望通过参观展厅学习现代办公空间设计，了解新的办公理念。展厅需要设置更加灵活多变的空间布局，以满足用户需求的变化。

（5）信息平台建设。以前，用户在参观的过程中，想要详细了解某个产品特点或场景配置，只能通过销售口述单向传递信息，用户不能及时获取最全面有效的信息。未来，借助数字技术，可以让产品或场景实现信息可视化，让信息传递更精准高效。

（二）服务共创

震旦希望通过品牌展厅的场景体验和服务让销售员与用户之间产生更有效的互动，提高销售效率。为此，我们与外部咨询合作，设计了针对性的流程和方法，来实现新展厅的愿景。

首先，结合访谈、影随、内部各部门高管的开放式共创所得到的洞察，定义核心用户及核心场景（见图2），并挖掘现有用户采购体验中的需求和痛点。最终震旦将核心用户分为五类：专业影响者、小白包办人、把关领导层、专职采购人、民企老板，这五类人群成为精准分众[21]。通过用户体验旅程图，理解用户在采购体验中不同场景下的需求与痛点（见图3）。

其次，通过前期分析，我们将新展厅定义为，通过用户参与式体验，精准把握需求、提供专业策划方案、具备品牌认知的咨询中心。同时利用四个体验策略帮助达成这样的展厅定位。

（1）专业显性化。震旦将展厅打造成专业整体空间与未来办公趋势相结合的空间。用户在展厅里可以感受到震旦品牌的价值主张及其解决方案的专业性。

（2）产品会说话。新展厅利用多样化沉浸式的办公场景，让产品在场景中自己会"说话"，使用户更容易产生共鸣，从而意识到震旦产品的价值。同

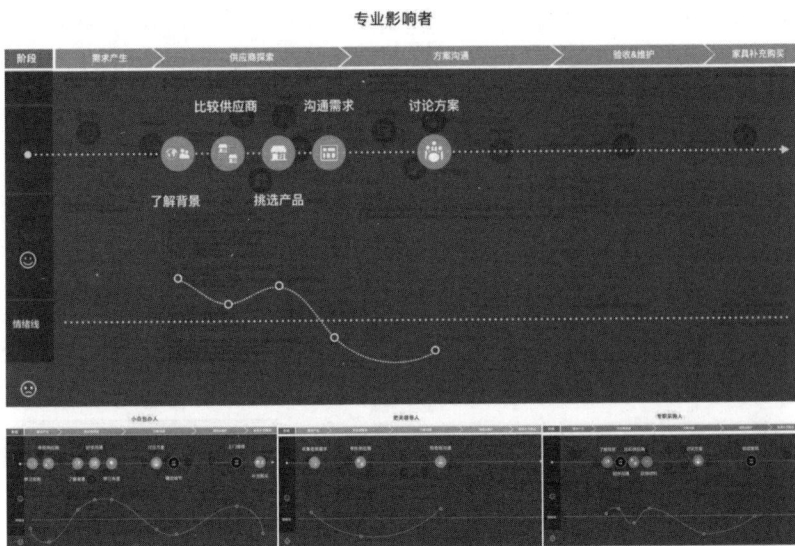

图2　核心场景

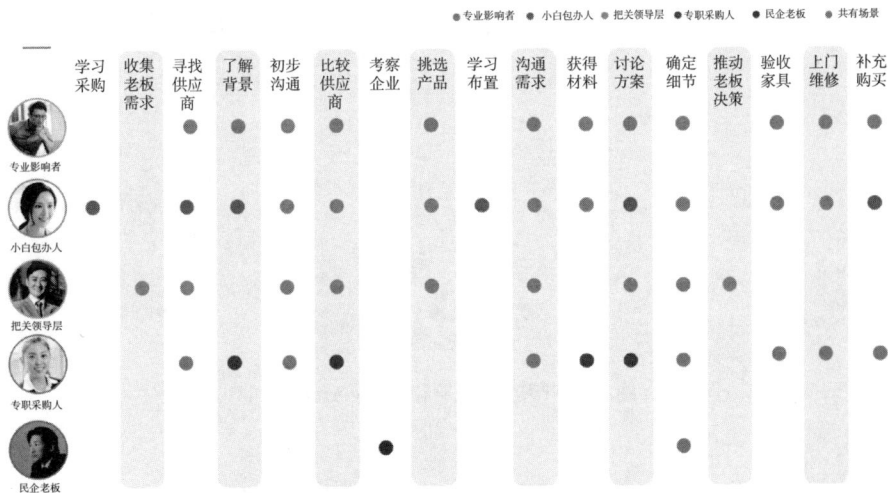

图3　家具选购的共有场景与特殊场景

时，震旦使用成功案例和销量口碑来辅助产品表达，进一步增强用户对产品的信任感。

（3）体验数字化。通过前沿的数字技术为用户创造"Wow Moment"，给用户留下展厅体验的记忆点，并通过数据的收集，对展厅进行及时的调整和更新。同时，体验数字化可以帮助展厅内的信息流通更加顺畅，销售员能及时地获取所需要的信息，更好地服务用户。

（4）品牌具像化。展厅将全面展示品牌形象和品牌理念，让用户沉浸式地感受品牌精神，建立深刻的品牌印象。

在体验策略的指导下，从服务蓝图到空间展示场景，经过多次迭代：销售部、商品策略部、创新研发部、服务设计策略部和空间规划部等利益相关者多次共创，完成理想体验地图，最终定义了 17 个体验旅程场景，包含快速预约、有趣邂逅、荣耀时刻等 12 个"Wow Moment"体验概念（见图4）。

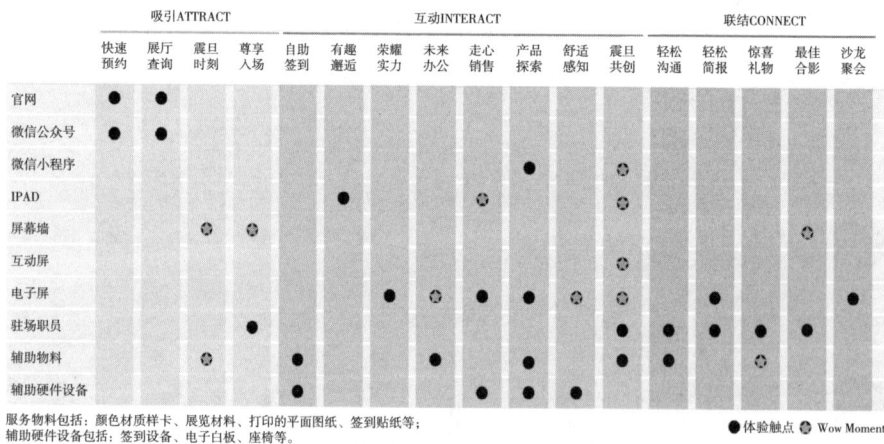

	吸引ATTRACT				互动INTERACT								联结CONNECT				
	快速预约	展厅查询	震旦时刻	尊享入场	自助签到	有趣邂逅	荣耀实力	未来办公	走心销售	产品探索	舒适感知	震旦共创	轻松沟通	轻松简报	惊喜礼物	最佳合影	沙龙聚会
官网	●	●															
微信公众号	●	●															
微信小程序										●		✿					
IPAD						●			✿			✿					
屏幕墙			✿	✿												✿	
互动屏												✿					
电子屏							●	✿	●	●		✿		●			●
驻场职员				●								●	●		●		
辅助物料			✿		●				●			●			✿		
辅助硬件设备					●			●	●		●	●					

服务物料包括：颜色材质样卡、展览材料、打印的平面图纸、签到贴纸等；
辅助硬件设备包括：签到设备、电子白板、座椅等。

●体验触点　✿ Wow Moment

图4　体验旅程场景和 Wow Moment

最后，我们从更高的层面看震旦办公家具的服务体验，发现展厅只是整体服务体验中的一环，想要为用户打造全渠道的服务体验，在品牌与用户之间建立强有力的纽带，几个可能与用户发生互动的渠道（官网、微信等）都不容忽视。震旦需要立足目标用户的核心场景及他们在不同触点上的体验需求，建立全渠道服务体验策略（见图5）。

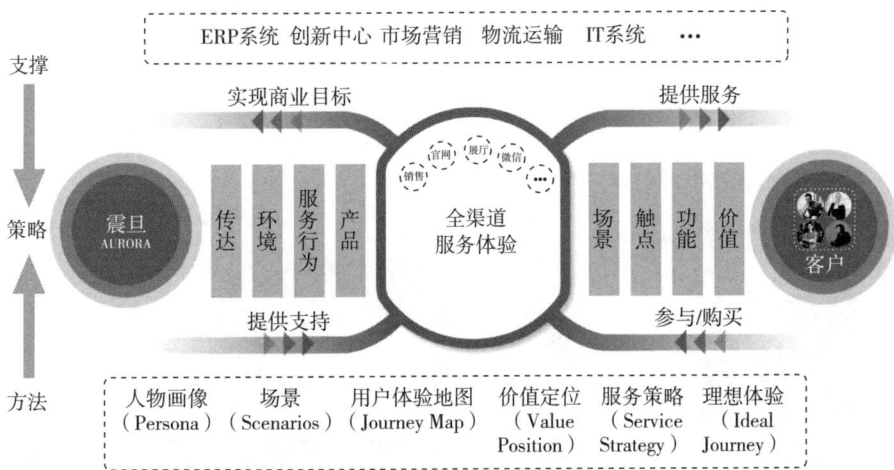

图5　全渠道服务体验策略

通过全渠道服务体验策略，震旦实现了品牌的高效管理，提升了用户的全旅程体验，促成了有望用户的转化和协助了用户的购买决策。

（三）观展体验升级

根据研究产出的 12 个洞察、5 类核心用户、17 个办公空间服务场景和 12 个"Wow Moments"的触点，震旦完成对展厅和全渠道服务体验的升级：通过市场、行销、创新中心的跨部门共创，震旦整合了吸引（快速预约、展厅查询……）、互动（走心销售、产品探索……）、联结（轻松简报、最佳合影）三阶段诉求，提出"以用户为中心"的支持协作、专注、社交、学习、放松五大工作模式的办公解决方案（见图6），构建了理想的全旅程体验，赋能销售并提升用户体验（见图7）。

展厅的 AIoT（Aurora Internet of Things）数字信息化建设。销售员需要精准把握用户需求，为用户提供专业策划方案。展厅改造前，没有数字化管理系统，展厅经常出现参观预约冲突，销售员无法对预约情况进行实时查看和更改。展厅改造后，在沉浸式、有代入感的办公服务场景下，结合震旦 AIT 智慧办公整体解决方案：智能网关、智能控制终端等一系列产品，震旦为用户提供了便捷流畅的服务体验，例如，高效工位管理、智能会议预约、健康管理等（见图8）。

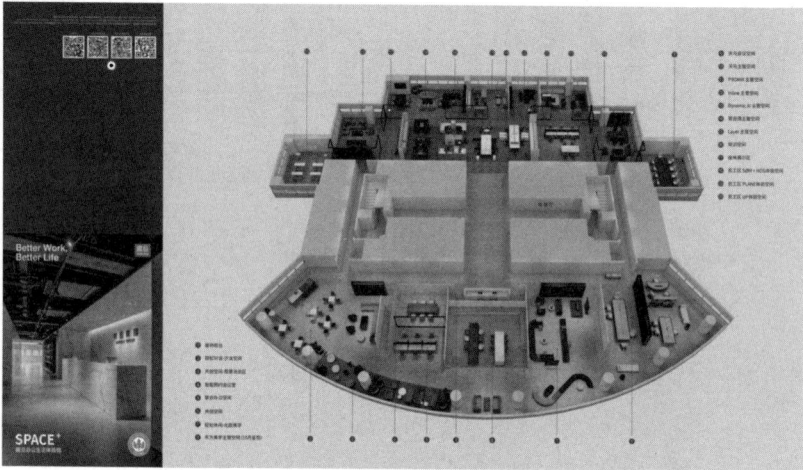

图 6　震旦办公解决方案

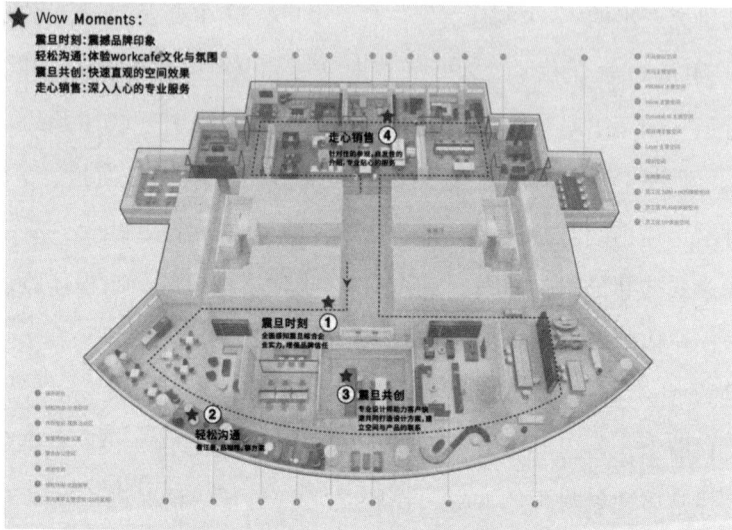

图 7　震旦展厅销售陪同理想体验流程

图 8　服务体验——智能会议预约

展厅微信端概念 1.0 版本设计（见图 9）。将数字化触点与实体化触点结合，设计产品交互表现，可以更加直观、快速地向用户展示震旦产品，提供专业和带有启发性的讲解和答疑，打造销售员的专业服务形象，提高用户对品牌的认可。同时，用户也可以在线查阅产品服务指南，快速、高效、便捷地了解感兴趣的产品与参考价格等信息。

图 9　展厅微信端概念设计

（四） 开放式服务设计创新价值

知识引流，价值增值。此次展厅项目，不仅使创新部门以外的人理解"以用户为中心"的服务设计思维，而且将可视化用户旅程、跨部门共创等服务设计方法落实到具体项目进程中，让所有利益相关者更全面地理解用户真实需求，使不同部门的员工跳脱固有职能思维局限，就服务体验流程和空间动线、场景规划等决策达成高度共识。

平台共创，双向赋能。展厅现已落成并正式对外开放，作为全场景的沉浸式体验平台，大幅提高了与用户的互动效率，增进了用户与品牌之间的情感联结。展厅共创空间提供现场共创设计方案、分享方案成果，专业设计师也可以提前准备包含用户参观过程中感兴趣的产品设计方案，协助用户打造适合的办公空间解决方案。

三、数字转型，服务设计赋能 Activa Lab 场景及服务创新实践

近两年，中国的云计算和大数据技术快速发展，加快了中国企业数字化转型进程。2020 年起，国家密集出台了系列政策推动中国企业，特别是中小企业加快数字化转型升级，鼓励企业上云、用云，全面深化研发、生产、经营、管理、服务等环节的数字化应用，培育数据驱动型企业，鼓励企业以数字化转型加快组织变革和业务创新。

同时，数字时代使人对办公的需求和创造价值的方式发生了新的变化。混合办公、居家办公（WFH）、分布式办公等新的工作模式的兴起，催生了办公的变革。新冠肺炎疫情更是加速了线上办公的普及，但是本质还是经济需要创造更多价值。未来，如何办公？在哪里办公？和谁办公？用什么方式办公？企业和用户都提出了新的需求。

依托中国新基建与行业内循环，震旦希望通过探究中国领先型企业先进办公方式演化出来的新场景、新工作流（Work Flow）、新商业、新服务，建立融合办公产品（Product）、物联网（IoT）生态的智能办公场景及服务创新系统，

来应对面临的三大挑战：①如何面对数字时代下的企业办公方式转型？②如何找到智能办公产业中的位置并建立震旦自己的智能解决方案？③如何依靠智能解决方案建立数字时代的商业模式？

（一）发现与洞察

数字与智能办公在产业中兴起，在办公产业中演化出新的挑战。先进的办公空间解决方案应该打破传统办公模式的禁锢，构建起人与人、产品、数据互联的全新工作形态，使物理空间与数字空间协同流动。基于此，震旦协同外部顾问通过未来办公趋势与行业生态研究，共同提出以下四个洞察：

（1）办公产品的转变。用户在使用的办公物品，将从办公家具转为设施与办公智能终端，甚至转为办公应用工具。震旦需要思考如何将办公家具、设施、终端与办公应用进行融合，进一步形成新的销售模式。

（2）办公空间的转变。传统的办公空间解决方案思考的是兼顾开放与私密的弹性灵活空间。但在智能办公中，震旦需要思考人在使用办公室时的数据追踪与记录学习，进一步形成新的服务模式。

（3）办公需求的转变。面对企业需求，在保障员工办公效率的同时，还需要关注员工的体验和感受。震旦需要思考如何在人性化方面，为企业的可持续发展提供服务，进一步形成品牌的差异化。

（4）办公体验的转变。数字时代，人们对于办公体验的需求逐渐多样化。影响人们办公效率的关键要素，从空间和产品的体验，扩展到软件应用的内容与交互体验。震旦需要思考启动对数字与智能办公体验的关注，使震旦在企业数字化转型采购中，成为他们的合作伙伴。

（二）创新假想：办公新基建

震旦提出办公新基建创新假想，基于 Activa 智能办公平台（见图10），邀请智能办公生态中的优秀企业加入震旦办公服务系统中，向下融合办公空间与设施，向上融合办公终端与软件，甚至架构到 IoT 智能网联及办公云服务技术。

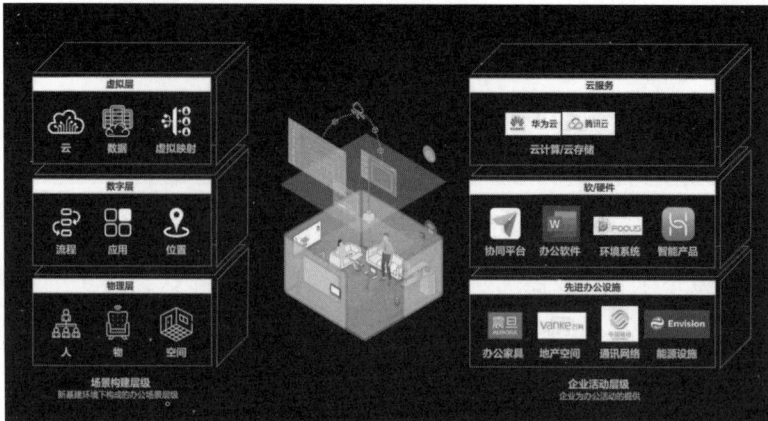

图 10 Activa 智能办公平台

为了打造面向创新型企业组织的好产品和好服务，为客户提供更好的智能办公体验和服务，震旦协同内外部资源跨界创新，从设计思维的理论视角出发，分析用户办公旅程，洞察用户在办公环境中的场景感知，最后共创，定义了四个办公主题及八个智能办公场景解决方案（见图 11）。

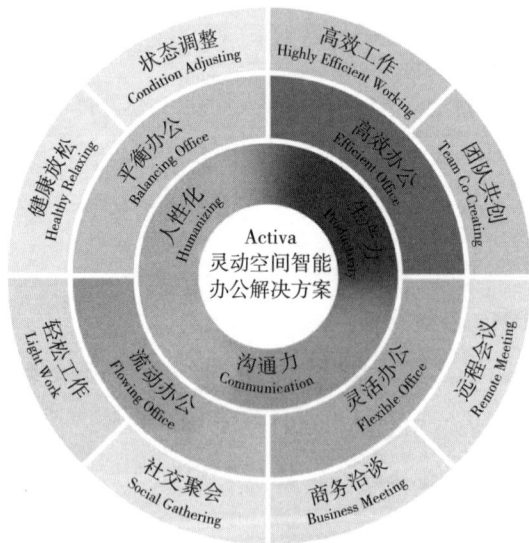

场景系统
Scenario System

图 11 Activa 智能办公场景

场景特点
Scenario Features

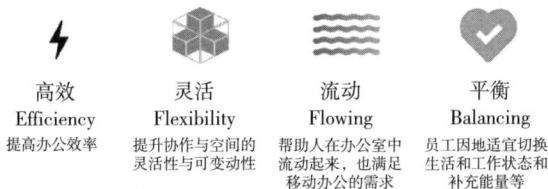

高效
Efficiency
提高办公效率

灵活
Flexibility
提升协作与空间的
灵活性与可变动性

流动
Flowing
帮助人在办公室中
流动起来，也满足
移动办公的需求

平衡
Balancing
员工因地适宜切换
生活和工作状态和
补充能量等

图 11 Activa 智能办公场景（续图）

高效办公：通过环境氛围与智能技术的融合，利用算法强化办公感知，帮助企业建立专属团队协作或个人专注的办公方式，以增强效率，如表 1 所示。譬如在会议中怎么临时邀请专家远端加入或利用手机随时查看会议记录；用户怎么沉浸于个人工作心流状态、怎么通过智能与数字将工作流程简化。

表 1 办公主题：高效办公

高效办公 提高办公效率	高效工作场景 物联装备赋能，人人都是效率超人	团队共创场景 智慧团队空间，陪伴记录集体智慧
	场景定义：个人专注办公，有智能产品和外设加持，帮助员工在短时间内高效产出	场景定义：办公团队需要激发创意或进行快速决策时，进入此场景一起加速项目推进，且过程能被记录、总结和分享

灵活办公：通过稳定与简易的连接方式，建立多终端设备、云端与人的连接，使工作流不被打断，如表 2 所示。譬如即时邀请同事入会、即时调用工作文件、即时切换工作场景等。工作者能随当下需求，即时获取相应办公支持，让思路不断。

表 2 办公主题：灵活办公

灵活办公 提升协作和 空间的灵活性	远程会议场景 虚拟会议，身处异地仍能亲切互动	商务洽谈场景 有温度的交流环境，助力客户关系融洽
	场景定义：极具临场感的远程会议室，支持异地同事协同共创	场景定义：进行非正式的商务洽谈，舒适的环境能拉近彼此距离，但又不失专业性

流动办公：通过数据可视与数字身份，提供工作者在办公空间或跨区办公时，便捷地获取空间设施的使用权限与良好体验；赋能管理者进行后台追踪与环境优化；使移动工作者能随时找到合适的办公地点，让工作流动起来，如表 3 所示。

平衡办公：通过人性化与多样化的办公空间，为从个人到团队的效能赋能，使工作者的工作状态随环境而动，自由切换专注、协作、放松、社交、学习等工作模式，让办公与生活平衡，如表 4 所示。

表3　办公主题：流动办公

	社交聚会场景 共度酸甜苦辣时光，团队更紧密	轻松办公场景 无须布置，随时开展工作随时离开
流动办公 满足移动 办公需求		
	场景定义：下午茶或分享会等，支持社交活动与社群交流	场景定义：根据工作任务，自主选择最有效的工作区域，切换属于"我"的工作状态

表4　办公主题：平衡办公

	健康放松场景 即使不在健身房也有运动氛围	状态切换场景 守护隐私，避免更衣补妆尴尬
平衡办公 员工能自如 切换生活和 工作状态、 补充能量等		
	场景定义：提供游戏活动等工作之余的设施，关注员工健康	场景定义：在出入办公室时，可以从正式的商务装轻松切换成休闲装

　　震旦作为专业的、先进的办公空间解决方案提供者，他们关注产品设计，但是更注重人与人、产品、数据互联的全新工作形态。通过探索智能办公场

景，重塑服务流程，为数字转型下的创新企业提供更好的办公方式。

最终，根据灵活型（Agile）组织（见图 12）的真实办公环境和故事，融合八个智能办公场景解决方案，震旦打造了 Activa Lab 未来办公实验平台（见图 13），客户可以沉浸式感受智能办公体验。Activa Lab 既是工作场所，也是震旦软硬件整合开发与服务创新的智能化办公场景实验平台。

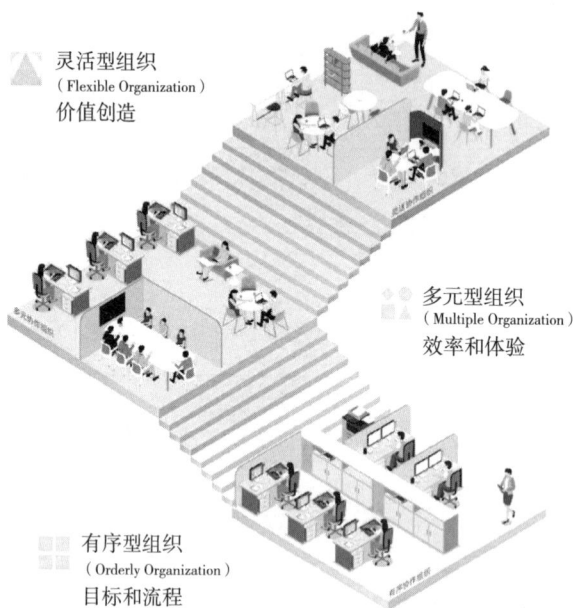

▲ 灵活型组织
（Flexible Organization）
价值创造

◇ 多元型组织
（Multiple Organization）
效率和体验

▢ 有序型组织
（Orderly Organization）
目标和流程

图 12　企业组织类型

（三）项目成果

跨界合作，办公服务转型。通过此次项目，震旦重塑了数字时代下的智能办公场景体验和服务系统。项目过程中，震旦发现不仅要强调用户办公体验，更要重视不同服务提供方的价值职能，关注服务中各个要素的整合和设计。Activa 灵动办公空间的智能解决方案，将通过云端系统持续收集与追踪人在不同空间中使用办公家具、智能产品与软件应用的行为，分析出企业办公空间中的优化方向，为客户提供长期的办公空间定制化更新服务。震旦也将从办公产品售卖、办公方式售卖，向办公服务提供商转型（见图 13）。

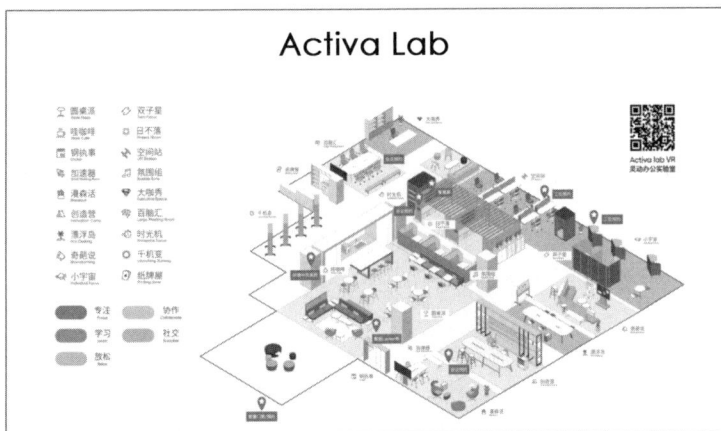

图 13 Activa Lab 未来办公实验平台

数据驱动，推动产业升级。软件正在重新定义产品，定义制造产品的方式，并成为产品的主要价值。腾讯研究院研究显示，2020 年，苹果公司的软件收入占比已达 19.6%；申港证券预测，到 2025 年软件业务将为特斯拉汽车贡献 18% 的收入[22]。世界越来越由软件所定义。未来必定是由软件升级带来整个办公产业的商业转型与产品服务能力提升。震旦也希望通过 Activa Lab 平台，加强与办公家具同行间的沟通与交流，共同推进产业建设，让整个产业从传统制造业到"智能办公生活服务"转型升级，持续为中国创新产业赋能。

四、结论

因应互联网、大数据和人工智能的发展，服务设计已发生了巨大的改变。下一轮经济与社会发展的主要推动力，将来自于技术、设计与商业的深度融合。基于"让办公生活更美好"（Better Work. Better Life）的办公服务价值主张，震旦一直在探索如何更好地融合人、技术、家具和空间，以更好地满足用户体验，实现从提供产品向提供优质的办公空间解决方案转变、从传统的家具产业向办公服务平台转换。

本次项目实践服务设计理论，从交易思维向用户体验下的服务场景体验思维转变，通过与精准分众的开放式创新协作，探讨展厅的实用性、系统性、创新性。新的展厅不再是一个静态的、单向展示产品的展厅，而是一个高度互动、双向沟通的咨询中心和体验中心。从"以用户为中心"出发，通过重构品牌服务场景，提升用户全旅程满意度，赋能 To B 客户完成购买决策。同时，此项目也有助于为服务设计赋能展厅服务创新提供启示，以实践证理论，形塑更加合理的服务设计理论体系。

参考文献

［1］CANDI M, SAEMUNDSSON R J. How different? Comparing the use of design in service innovation in Nordic and American new technology-based firms ［J］. Design Studies, 2008, 29 (5)：478-499.

［2］FROST R, LYONS K. Service systems analysis methods and components：A systematic literature review ［J］. Service Science, 2017, 9 (3)：219-234.

［3］辛向阳，曹建中. 服务设计驱动公共事务管理及组织创新 ［J］. 设计，2014 (5)：124-128.

［4］OSTROM A L, PARASURAMAN A, Bowen D E, et al. Service research priorities in a rapidly changing context ［J］. Journal of Service Research, 2015, 18 (2)：127-159.

［5］SHOSTACK G L. How to design a service ［J］. European Journal of Marketing, 1982, 16 (1)：49-63.

［6］BITNER M J, OSTROM A L, MORGAN F N. Service blueprinting：A practical technique for service innovation ［J］. California Management Review, 2008, 50 (3)：66.

［7］SHOSTACK G L. Designing services that deliver ［J］. Harvard Business Review, 1984 (1)：133-139.

［8］程建刚. 现代服务业可重构服务包系统研究 ［D］. 天津：天津大学博士学位论

文，2009.

[9] BROWN T. Change by design：How design thinking transforms organizations and inspires innovation［M］. New York：Harper Collins Publishers，2009.

[10] 辛向阳，曹建中. 定位服务设计［J］. 包装工程，2018，39（18）：43-49.

[11] PINE B J, GILMORE J H. The experience economy［M］. Boston：Harvard Business Press，2011.

[12] STEIN A, RAMASESHAN B. Towards the identification of customer experience touch point elements［J］. Journal of Retailing and Consumer Services，2016（30）：8-19.

[13] PULLMAN M E, GROSS M A. Ability of experience design elements to elicit emotions and loyalty behaviors［J］. Decision Sciences，2004，35（3）：551-578.

[14] VOSS C, ROTH A V, CHASE R B. Experience, service operations strategy, and services as destinations：Foundations and exploratory investigation［J］. Production and Operations Management，2008，17（3）：247-266.

[15] KIM K J, LIM C. Experience design board：A tool for visualizing and designing experience-centric service delivery processes［J］. Journal of Retailing and Consumer Services，2018，45（11）：142-151.

[16] 高曰菖，辛向阳，谢明宏. 基于开放式创新的医疗家具服务设计研究［J］. 设计艺术研究，2020（5）：55-61.

[17] CHESBROUGH H W. The era of open innovation［J］. MIT Sloan Management Review，2003，44（3）：35-41.

[18] CHESBROUGH H W. Bringing open innovation to services［J］. MIT Sloan Management Review，2011，52（2）：85-90.

[19] CASTELLION G. Democratizing innovation［M］. Cambridge：MIT Press，2006.

[20] 辛向阳，王晰. 服务设计中的共同创造和服务体验的不确定性［J］. 装饰，2018（4）：74-76.

[21] 欧素华. 精准分众以创新：由使用者行为引导媒体服务设计［J］. 中山管理评论，2019（3）：11-56.

[22] 闫德利，王潇咏. 中美 SaaS 比较：落后十年，十倍差距［EB/OL］. https：//view. inews. qq. com/a/20210207A0ACHB00，2021-02-07/2021-02-07.

Service Design Reshapes Brand Scenario Experience

Jih-chang Kao, Yan Liu

Abstract: Although there are abundant products and skilled sales, it is still difficult to provide good purchasing experience in traditional furniture showrooms. This research combines the open innovation with service design to redesign furniture brand showrooms and proposes corresponding innovation paths and solutions. It uses literature induction analysis, observation methods, etc., and take the Aurora furniture brand showroom as an example to explore the service attributes. In this case study, redefine users and transfer them to precision targets. The service design blueprint is used as a co-creation tool for process diagnosis, and through co-creation with different stakeholders to capture the pain points of the visiting journey. It summarizes four experience strategies of professional explicitness, product storing telling, experience digitization, and brand visualization which are applied to the Aurora furniture brand showroom to strengthen the context of a single product and the entire scene, reconstruct the showroom scenario solutions, and provide inspiration of service design enabling showroom service innovation.

Key words: Service design; User experience; Open innovation; Precision targeting

创意管理评论 · 第7卷
CREATIVE MANAGEMENT REVIEW, Volume 7

创意产业研究

Cultural Industry Research

美学培养与文化创意产业

◎ 邓文龙[*]

摘要：文创产业，被视为信息产业之后的"第四产业"，不仅其产值超越传统产业，而且带动文化艺术与公民美学的涵养，因此，培养美学的审美能力能达到欣赏喜好从而对整个文化创意产业有很大帮助。源于此，亲近美学、体验了解美学、喜欢美学创造美学，是一个文化创意产业的基础。把近年来所推动与观察到的各项美学教育案例加以分享，提供强化美学教育的经验，并希望整合多方面的阶段完善提升文化产业发展基础，发现：文化产业的推动必须要通过产业界、学术界、政府甚至更多的大众参与才能有更好的效果。就像由小众文化转向大众文化一样，是一种雅俗共构的文化体系与产业体系，谈及未来推动与落实美学教育的方向与重点。

关键词：美学；体验；激发；传承；创新

＊ 邓文龙，台湾文藻外语大学历史文化观光产业创新研究中心主任、南京三江学院学术顾问。研究方向：文化产业、文化观光、民俗调查。电子邮箱：wenlurg@ qq. com。

一、美学经济新显学

（一）美学与美育

美学（Aesthetics），依原意可译作感觉学[1]，源自希腊语"$\alpha\, \grave{\iota}\sigma\theta\eta\, \tau$ ικός"，意为美学的、敏感的、感性的，是一个用于修饰感觉、知觉的形容词。这一核心意义被认为最早是由约瑟夫·艾迪生（Joseph Addison）在《旁观者》杂志上发表的《想象的乐趣》系列文章中提出快乐人生的三个必要元素：要做的事、热爱的事及盼望的事（Three grand essentials to happiness in this life are something to do, something to love, and something to hope for）。

到了 1735 年，鲍姆嘉登（Alexander Baumgarten）在其硕士论文《对诗的哲思》（*Meditationes Philosophicae de Nonnullis ad Poema Pertinentibus*）中使用了这一概念，强调对艺术的体会即为感知美的一种方式[2]。他对美学的定义被认为是历史上首次使用"美学"。19 世纪，美学在传统古典艺术的概念中被定义为研究"美"的学说。而现代哲学则将美学定义为认识艺术、科学、设计和哲学中认知感觉的理论与哲学。而后鲁迅说："美育具有'直感'的特点，是通过事物的具体的鲜明的形象来感染人，引起人们的美感，因而它具有形象性、可感性，这种记忆更持久、更深刻。"

美育的目标在于提升学生审美和人文素养，从而陶冶情操、温润心灵、激发创新创造活力；在于以美养德、以德塑魂，培养合格的建设者和可靠的接班人；在于从根本上改变全体公民的素质，为现代化强国建设输送源源不断的高质量人才。

（二）文化创意产业

文化创意产业（Cultural and Creative Industry），指源自创意或文化积累，通过智慧财产之形成及运用，具有创造财富与就业机会之潜力，并促进全民美学素养，使国民生活环境提升的产业。

1997 年英国首相布莱尔上任之后，大力推动文化产业或文创产业，当时英国定义创意产业是结合创造力、技术和天赋，有潜能利用智慧财产来增加财富和就业的产业，范围包括了 13 种产业：建筑、工艺品、设计、古董、时尚设计、音乐、表演艺术、视觉艺术、广告、电影、媒体及计算机游戏出版、软件及电视广播影视。[3] 20 多年世界各国竞相发展，不仅其产值超越传统产业，而且带动文化艺术与公民美学的涵养，因此文化产业被视为信息产业之后的"第四产业"。

（三）美学与文化创意产业

当社会富裕之后，人们生活条件变好，也让美学跟文化创意适当地结合，从实用到美感在日常生活衣食住行方面有了很大的变化。譬如，在食物方面，不仅要吃饱，还要享受更有特色的餐点；在衣着方面，不仅要冬暖夏凉，还要追求"时尚"，更有"品位"；在住宅方面，不仅要能遮风避雨，更要求外观美观及室内装潢舒适温馨；在出行方面，除了能代步，更希望是如同移动空间的舒适车。而这些都需要从美和文化创意的视角结合产业化，才能形成满足变化后需求的供给。实践表明，无论地方产业、小区产业，或是工业化产品，只要能加入美学成分，结合美学进行创意所创造的形象、感知方式和内容，来提升顾客价值，便能抓住美学经济的精髓，获得美学经济商机。

二、体验式美育学习与案例

从美学视角观察事物，人们可以获得新的商机和提升顾客价值。但如何才能形成这样的能力，本文将从具体的美育案例——体验式学习与体验教育中探究，来回答这一问题。

（一）体验式学习与体验教育

体验式学习是指参与具体活动时，回望及评价历程，并决定什么是有用或重要的，什么需要谨记，然后在另一个活动中可以运用这些信息。"体验式学习"并不是新猷，目前不少学校、大学和工作单位都在使用，亦被公认为有别于正规课堂学习的另类学习模式。从学术概念发展的角度来看，它承接了杜威对"体验"和"教育"的理念基础,由高戴维(David A. Kolb,1939)提出了著名的"体验式学习循环"(Experiential Learning Cycle)理论,主要包含四个元素:具体体验(Concrete Experience)、观察与反省(Observation & Reflection)、总结体验(Forming Abstract Concepts)及实践应用(Testing in New Situations)。[4] 其中的"反思"环节,更被第一线教育工作者公认为活动优劣的关键。

在此基础上进行的体验教育(Experiential Education)是指通过适当的引导,让学习者经历一个或一系列的活动,再利用活动的经历进行反思,进而产生学习,例如,动手做的美术教育。体验教育是一种哲学,也是一种方法。教育人员有目的地让学生投入直接的经验之中,并能进行重点反思,以促使其增长知识、发展技能,并澄清价值。[5] 体验教育也受到柯汉(Kurt Hahn)所倡导的冒险教学观的启发。他的教学模式以体验为基础,设计了一系列活泼、有趣、紧张刺激、富有挑战性的活动,让指导员带领学生逐步挑战完成,以帮助学生探索自己、突破自己、接纳自己,并增进团体互动的经验。"边做边学,学以致用"(Learn by doing, Learn for usage)这八个字,是由德国教育学家柯汉在1920年提出来的,他的理念简单地说就是:做中学,或者叫作"先行后知"。

但体验学习的成效,有赖于慎选活动的经验,并加以反思、批判地分析与综合。学习者必须能主动投入、采取行动、做出判断,并充分了解可能的结果。此外,体验教育还具有下述特色:首先,体验活动大多不是个人单独所能完成的,需要团队的合作,也因此有助于促进积极的人际互动,并培养领袖气质与能力;其次,体验活动也提供直接经验的机会,利用亲身参与活动的体验,不管是解决问题还是失败挫折的经历,都能从做中学;最后,体验活动往往十分活泼有趣,充满刺激,可充分激发成员参与挑战的勇气与动机。

同时,体验教育的重要基础,是重视经验的教育传统。强调经验的进步主义教育肇始于杜威(J. Dewey),他于1897年创立的实验学校,强调采用活动方案作为学习的主要方式。杜威认为,经验是认知的主要来源,而教育应该是协助学生心智连续的成长过程，直至全面的发展。经验学习是学习者直接与正在学习的事物接触，由此获得意义，增进洞见，以便将经验用于以后的新情境。其学习过程一般均采用 Kolb（1984）的看法，分为具体经验、反省的观察、抽象的概念化和主动的试验四个步骤。简而言之，活动课程是以学生为中心的，故又称经验课程。这一概念在当代的职业教育中也受到重视，如英国 20 世纪 80 年代后期所发展的技职教育课程方案（Technical and Vocational Education Initiative，TVEI），强调学习应透过经验，而不是经由书本或讲授。

不过，需要注意的是，体验教育或经验课程有可能流于玩乐和游戏活动的拼凑，且活动本身缺少连续性，流于表面的快乐、肤浅和形式，因而不能系统地发展儿童的心理过程，对于认知与情意的发展帮助有限。此外，体验教育往往强调直接的经验，如果只重视这种教育，可能限制了学生对抽象思考的认识与学习，反而有碍其他重要能力的培养。

（二）案例

以下将通过小学生配色，基于国小课程的文化创意作品展、高中木制活动、社会组染布的美育体验式学习事例，阐明美育的方式方法。其中，学校教育的一个关键是要先训练中小学教师构思、规划系列教案，并让其准备相关的教具与材料，通过讲解传达如何从做中学到知识，学生可以训练对美学色彩的体会、理解，并付诸实行，最终产出成品，让学生得到成就感。

1. 彩绘组：小学生配色

彩绘组给予学生模板，让学生观察之后，自己使用色彩上色，以培养学生的审美能力，如图 1 和图 2 所示。

2. 创意组：透过小学课程衍生美学教育

根据小学教材《十二月花名歌》，规划十二月花与纸伞传达传统中国文化的意念，让学生自行规划、设计、完成作品，教材内容与规划图示例如图 3 所示，具体文化解析如下：

根据选用教材内容含义，进行如下的创意思考。

（1）"纸"与"子"谐音，象征"孩子子孙、早生贵子"。

图 1　释迦水果宝宝雏形模板与学生上色成品

资料来源：作者自制。

图 2　在地食材雏形模板与学生上色成品

资料来源：作者自制。

（2）"伞"字里有四个人，象征"多子多孙"。

（3）伞面张开后成圆形，象征生活美满"圆满"。

（4）12 可以代表 12 个月，也可以代表一天 12 个小时，配合小伞代表 1 年的圆满与 1 天的顺利。

（5）用不同的词语表达"花开"的意思，使人感到花开的形式多样，富有变化；根据各类花儿的颜色、大小、开放时间、开放的样子，用不同的词句准确表达。这一段就是表达生动形象的句子的典范（这属于言语表达的修辞学范畴，强调的是语言好不好、美不美的问题）（见图 3）。

正月山茶满盆开， 二月迎春初开放。 三月桃花红十里， 四月牡丹国色香。 五月石榴红似火， 六月荷花满池塘。 七月茉莉花如雪， 八月桂花满枝香。 九月菊花姿百态， 十月芙蓉正上妆。 冬月水仙案上供， 腊月寒梅斗冰霜。	 鲜花朵朵，争奇斗艳，芬芳迷人。要是我们留心观察，就会发现，一天之内，不同的花开放的时间是不同的。凌(líng)晨四点，牵牛花吹起了紫色的小喇叭；五点左右，艳丽的蔷(qiáng)薇(wēi)绽(zhàn)开了笑脸；七点，睡莲从梦中醒来；中午十二点左右，午时花开了；下午三点，万寿菊欣然怒(nù)放；傍晚六点，烟草花在暮(mù)色中苏醒；月光花在七点左右舒展开自己的花瓣；夜来香在晚上八点开花；昙(tán)花却在九点左右含笑一现……
12 月令	花开时间

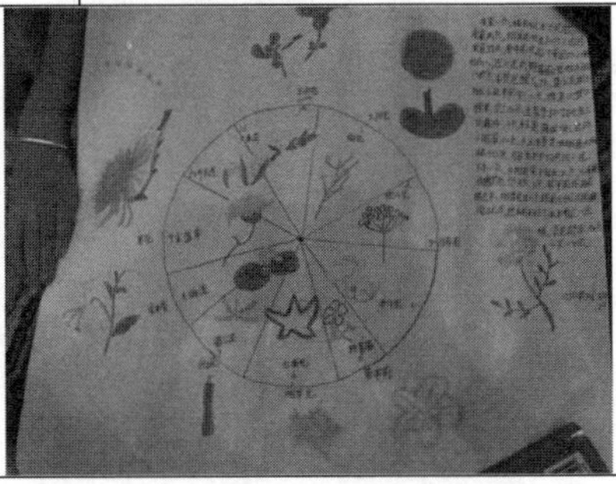

图 3　学生创作规划

资料来源：作者自制。

　　但为了不让文化及艺术消失，进而传承传统文化，可以让小纸伞成为创新发扬美学教育的工具，让学生体验手作纸伞的制作过程，以及欣赏精致的作品，发挥学生创造力，体验彩绘与花的意涵。

　　根据创意思考和创作规划，成品制作如图 4 所示。如此，从课程设计当中引导学生认识纸伞与 12 月令的相关知识，并由学生自行创作而产生的成效也颇为惊人。这不仅是上色，同时也传达时间的观念，以及每个月令所代表的意义，让两种不相关的对象通过教学与创意结合在一起，涵养学生的美学概念及创意。与传统教育相比，体验式学习美育，寓教于乐更贴近学生的天性，往往比强制性的教育更有效果。通过美育来推动儿童的全身心发展，是一个润物细无声、潜移默化、缓慢而深刻的过程，是孕育在美的享受之中的美感教育，不仅能开拓视野、增长智慧、获得知识，还能在轻松愉快的欢乐中不知不觉地接受教育。

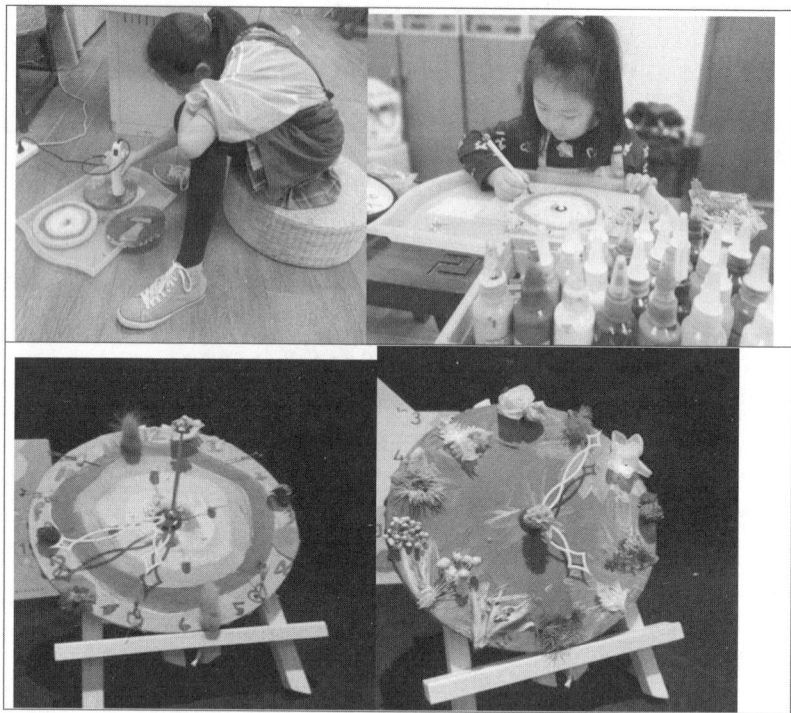

图 4　学生制作与成品

资料来源：作者自制。

3. 高中木制活动

通过寒假体验营的模式，高中生能在课余时间在木材工业、设计方面增加专业领域知识。为贴近环境教育的核心，体验营的材料全部由人工林剩余资材创意制作，且体验过程中解说国产木材、剩余资材循环利用及多样木材种类特性，联结在地自然环境，以呼应体验教育。该活动应用实作来体验课程，用眼、耳、鼻、身等感官学习基础木工技术，触摸、观察木材纹理及加工方法；再以分组讨论、引导的方式，激发学生的学习创意，进行设计，并且指导学生来学习如何将其应用于产品多元开发设计加工（学术、技术并行）中（见图 5

和图6）。此活动期望高中生能以亲身体验、实际操作的方式，认识国产木材及木材行业之发展，对木材与环境有进一步的认识；也期望通过这次的体验营，将本木材科学与设计系之技术及知识分享给同学，给他们提供更多元的未来选择方向，成品如图7和图8所示。借由"简易木制活动"，通过农业大学系所的设备、师资，普通高中同学能有机会认识"木材"及"木加工"；通过老师讲解，学生规划设计，自行操作完成了简单的木产品、用品。

图5　设计

资料来源：作者自制。

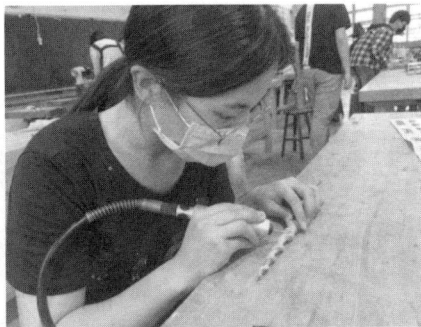

图6　制作

资料来源：作者自制。

图7　小挂饰成品

资料来源：作者自制。

图8　海马成品

资料来源：作者自制。

4. 社会组：美学陶养与染布

社会组招募对象为一般民众；所得成品可以装饰住家，增加居家舒适感；指导染色的是傅菊珠老师。傅菊珠老师善于运用图腾与各种花纹的组合，在传统技术中展现创新的活力。她游刃有余地游走在染布、禅绕与拼布领域，她指导的每件作品（见图 9 和图 10）都能使学习者深刻地感受到发自内心的真诚与喜悦，是少数能兼具艺术性与市场的创作风格的作品。如果将她的作品与产业应用相结合，其更是充满无限商机。

图 9　指导老师解说与指导创作

资料来源：作者自制。

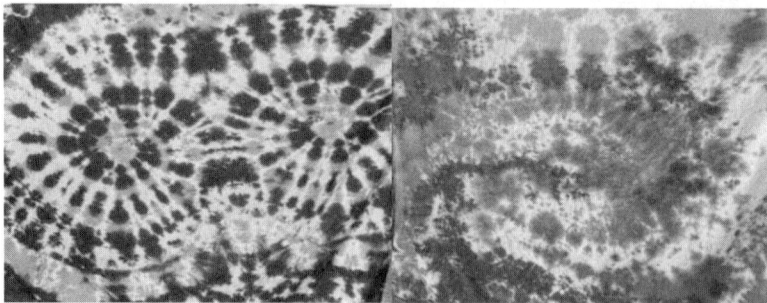

图 10　五彩缤纷的成品

资料来源：作者自制。

其中，相比有些昂贵的染料，茶染染料是随手可得的染料，用它可以比较便宜地获得体验经历。简单地说，茶染就是用过期的茶叶或者茶包染色，把家中闲置的衣服再利用。狭义的"茶染"是指把传统的茶叶作为染料进行染色；广义的"茶染"则指用从植物中提取的染料对天然纤维进行染色。染色是染料分子与纤维分子之间产生化学结合的过程，茶叶中的"染色分子"就是它本身含有的茶多酚。那茶染有什么好处呢？由于茶染的染料都来自于植物，与现代工业化合物染料相比，茶染染料更为生态和环保，而且颜色质朴素雅，所以很受人喜爱。如图 11 所示，茶染染料中增加铁锈，透出了金属锈蚀的悲凉感。

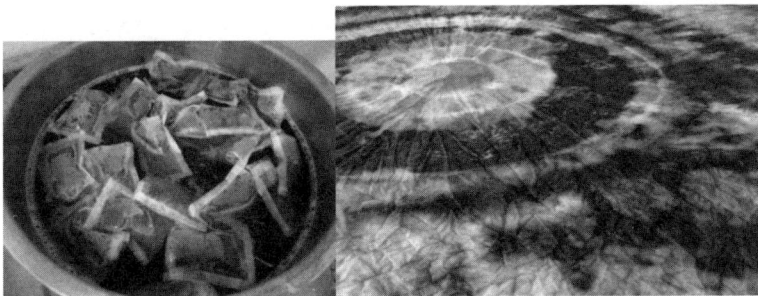

图 11　茶包与茶染

资料来源：作者自制。

三、美学培育与文化创意产业的结合

在中国台湾，美学经济已成为显学，台湾地区的核心经济形态已由过往的科技创新转型为科技与美感创新相结合，成为带动经济成长的双引擎。中国台湾在美感创新上，近年虽获奖件数增加，但仍有很大的努力空间；未来他们将加强美学出口的可能性，提供独具中国台湾地区特色的美学产品与服务给国际社会。经由美学的培育，与文化创意产业结合，形成了美学经济的成功实践。翠玉白菜色系晴雨伞案例，佐证了美学、美育促进和提升了文化创意产业的发展，是推动文化创意产业的引擎之一。

以下介绍翠玉白菜色系晴雨伞案例。翠玉白菜雨伞的原件和商品如图 12 和图 13 所示。这是中国台北故宫博物院的人气商品，是台湾地区当时年仅 16 岁的高二学生张文蕴以国宝翠玉白菜为发想设计的。此商品一直高居销售榜榜首，是大家炎夏午后大雷雨的必备。其半绿、半白，晴雨两用，出门在外可是最吸睛的商品，也获得设计铜奖。翠玉白菜伞依中国台北故宫博物院院藏之清翠玉白菜的元素开发而成，兼具晴雨伞及美观等特征。

图 12　翠玉白菜原件

资料来源：台北故宫商品城作者翻拍。

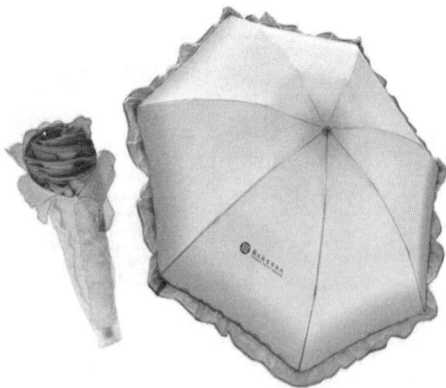

图 13　翠玉白菜商品

资料来源：台北故宫商品城作者翻拍。

翠玉白菜色系晴雨伞的文化寓意取自余光中的第 19 本诗集《藕神》中的《翠玉白菜》。该诗集于 2008 年 10 月出版，收录的是他 70～80 岁的作品。这首诗是他参观中国台北故宫博物院珍藏的翠玉白菜后的创作。诗人余光中曾描绘它是一件"弄假成真，比真的更真"的拟真作品。《翠玉白菜》虽然是一首咏物诗，但诗人通过咏物的描写，赞咏工匠将职人之魂灌注于作品中，使其臻于完美，成为艺术，源远流长。白菜，古人称之为"菘"，寓意世人要淡泊自甘，不惑于富贵。清乾隆皇帝取白菜的色彩，有"写将清白示儿孙"的诗文，告诫子孙为官要如白菜一样"青白"分明。翠玉白菜上的两只草虫，分别为大螽斯与小蝗虫，都是多产的象征。古代玉雕有"图必有意，意必吉祥"的说法，如果我们将白菜及两只草虫的寓意加起来，翠玉白菜应有期许众多子孙都能觉悟身负经世济民使命的意涵。此国宝翠玉白菜由翡翠制成，是中国台北故宫博物院最受观众喜爱的藏品之一。工匠顺应材料天然的色泽，以浓重的深绿色表现层层包覆的菜叶；白色部分虽有裂痕及杂质，但在工匠巧妙的安排下，转化为新鲜、饱含水分的白菜茎部；菜叶顶端的螽斯和蝗虫，瞬间将人们带进了鲜活的田园气息。

在文化熏染和启发下，结合美学视角和美育训练，人们将翠玉白菜的色彩及其养分掌握之后又设计出各种不同类型的文化创意产品，如相机（见图14）、耳环、椒盐罐、白菜笔、橡皮擦、吊饰、水果叉、书签（见图15）等，形成了新的系列创意产品，推动了创意产业的发展。

图14　翠玉白菜色系数字相机

资料来源：台北故宫商品城作者翻拍。

图15　翠玉白菜书签

资料来源：台北故宫商品城作者翻拍。

四、结论与建议

（一）结论

诚如中国美术家协会名誉主席冯远表示，美育是一项关乎新时代国民综合素质养成工作，具有自主性、教化性、普泛性、长期性等多特征的系统工程，要以美育为任务培养美学能力，助力人人养成与美相关的文化兴趣爱好，提升人们的文化质量与素养，同时带动文化产业发展。从不同阶层推广美育，提高人们的美学能力，使达到可以欣赏的水平，这对整个文化创意产业有所帮助。从亲近美学、了解体验美学到喜欢创造美学，美学是文化创意产业的基础。

目前在整体的条件下我们仍需努力，才能让文化产业的推动达到水到渠成的成效。所以，文化产业的推动必须要通过产业界、学术界、政府甚至更多的大众参与才能有更好的效果。潜在人才培养与无限的商机可能性，就像由小众文化转向大众文化一样，成为一种雅俗共构的文化体系与产业体系。因为这些小众产品，更多的人参与类似的美学教育活动，当他们被培养到一定阶段之后就很容易接受欣赏这类型的文化创意产品，无形当中也就产生了促进文化发展的可能性。通过开设一系列课程，可以培养"文创商品设计""文创品牌经营与管理""文化行政管理"方向的人才。

（二）建议

由于各地区社会条件、基础差异和经济发展等因素的不同，所以在落实、执行方面还存在许多差距，建议各地区可以按部就班地分期推动。

1. 学校教育

将学校作为主要实施地，先依据中共中央办公厅、国务院办公厅印发的《关于全面加强和改进新时代学校美育工作的意见》，制定美育的发展方向，发挥其核心引领、辐射的作用。构建全面衔接的美育课程（临摹式、创意式）体系，明确各级各类学校美育课程目标。在学前教育阶段，着重培养幼儿拥有美好、善良的心灵和懂得珍惜美好事物；义务教育阶段如同前述的案例分析，注重激发学生艺术兴趣和创新意识，培养学生的审美趣味、审美格调，协助学生掌握一至两项艺术特长；高中阶段如第二节案例，可以引入大学或社会资源，丰富审美体验，开阔人文视野，引导学生扩大审美观、文化观；职业教育方面也可以引用社会资源强化艺术实践，培养具有审美修养的高素质技术技能人才，引导学生增强文化创新意识；高等教育阶段强化学生文化主体意识，培养具有崇高审美追求、高尚人格修养的高素质人才。强化师资队伍组建、创新教学教案、完善教材制作，引发个性化与多元性成果，再利用多媒体传播科技、分享成果，引起更多的共鸣与反馈。大学阶段提倡美育专题理论研究或创作，从而形成系统的基础理论，来指导实践。

2. 社会教育

活到老学到老，积极开设美育课程创造学习条件，推进社会美育工作，利用企业、机关、社区城镇多种平台，进一步营造全社会都能重视文化环境的氛围，大力增强文化企事业单位以及公共文化设施、机构、场馆的公共教育功能的发挥。让各个不同年龄、身份、职业的人群，都有接受有关审美教育、文化活动的机会，通过阅读、观摩、欣赏和学习相关知识，达到入眼、入耳、入心；参与不同形式的实践活动，鼓励动手动脑、会心会意，真正达成以美养德、以德铸魂、化育人心的效用。

参考文献

［1］蒋勋．美学的原点［J］．商业周刊，2009（1129）：22.

［2］朱立元，栗永清．略论鲍姆嘉登的美学思想［J］．四川师范大学学报（社会科学版），2011，38（4）：53-63.

［3］杨旦修，聂钰石．文化创意产业的概念整合与升级［J］．重庆社会科学，2010（2）：79-82.

［4］KOLB D A. Experiential learning：Experience as the source of learning and development［M］．New Jersey：FT Press，2014.

［5］罗旭华．体验教育：培养应用型创新人才的必然选择［J］．旅游学刊，2006（S1）：11-13.

Aesthetic Cultivation and the Cultural and Creative Industry

Wenlong Deng

Abstract: The cultural and creative industry, which is considered as the forth industry following the information industry, has not only surpassed traditional industries in terms of output value, but also promoted the cultivation of culture, art and citizen aesthetics. Accordingly, cultivating aesthetic perceptual ability helps to find appreciation hobbies, and thus promotes the development of the entire cultural and creative industry. Therefore, getting close to aesthetics, experiencing and understanding aesthetics, and enjoying aesthetic creation are the foundation of the cultural and creative industry. This study shares various aesthetic education cases that have been promoted and observed in recent years, provides experiences that would strengthen aesthetic education, and integrates various aesthetic education phases to complement the development foundation of the cultural industry. This research finds that the promotion of the cultural industry would achieve satisfying results only through the participation of industry, academia, government and public. Just as the transition from niche culture to mass culture, it is a cultural and industrial system composed of both elegance and vulgarity. This research also discusses the direction and focus of future work on promoting and realizing aesthetic education.

Key words: Aesthetics; Experience; Inspiration; Inheritance; Innovation

北京市文化创意产业"走出去"的对策及建议

——基于全国文化中心建设[*]

◎ 佟　东[**]

摘要： 党的十九大以来，文化创意产业在国家经济发展中的重要地位进一步提升，无论是国家还是地区，文化创意产业在促进经济发展、繁荣复兴方面都起着重要的作用。北京市正处于全国文化中心建设的关键阶段，文化创意产业"走出去"是全国文化中心建设的重要方面。本文在梳理北京市文化创意产业现状的基础上，从微观和宏观两个方面提出北京市文化创意产业"走出去"需解决的三个问题，即"走出去"规模较小、"走出去"形式单一、"走出去"格局未形成，并提出三方面的对策建议，即拓展"一带一路"沿线国家市场、促进文化企业对外投资、形成文化创意产业要素市场和产品市场的新格局。

关键词： 北京市；文化创意产业；"走出去"；全国文化中心建设；"一带一路"倡议

　＊ 北京市教育委员会科研计划项目"北京文化创意产业创新扩散与全产业链结构优化研究"（SM202110015002）资助。

　＊＊ 佟东，北京印刷学院经济管理学院讲师（北京 102600；td1202013@ sina. cn）。

为深入贯彻国务院《关于加快发展对外文化贸易的意见》和《关于北京市服务业扩大开放综合试点总体方案的批复》，落实《国家"十三五"时期文化发展改革规划纲要》和《北京市"十三五"时期加强全国文化中心建设规划》，北京市文化创意产业"走出去"是针对北京市重点支持的具有中国特色的影视、出版、演艺、动漫游戏等领域的出口，以重点企业和重点项目为依托，以政府为主导、市场化运营为主要方式，推动内容、渠道、平台、企业四位一体的文化"走出去"模式。

一、北京市文化创意产业"走出去"现状

北京作为全国的文化中心，在首都城市功能定位的基础上，被赋予了承担中华文化传播的历史重任，是中国文化产业化和国际化的主要阵地。特别是20世纪90年代以来，国家颁布了多部与文化贸易及文化创意产业"走出去"相关的政策和法律法规，北京市政府也制定和实施了关于文化产品和文化服务出口的奖励和补贴、税收优惠、投融资、体制改革和服务保障等一系列文化贸易政策。随着北京全国文化中心建设的逐步开展，北京文化创意产业"走出去"的步伐在不断加快，并取得了瞩目的成绩。

基于全国文化中心建设的首都省市功能定位，北京市文化创意产业在专项资金支持、税收政策优惠、融资担保、吸纳人才和招商引资等方面制定和发布了相关政策，支持文化创意产业"走出去"。

（一）文化产业"走出去"总体规模

党的十九大报告指出，当前我国社会主要矛盾已经转化为人民日益增长的美好生活需要和不平衡不充分的发展之间的矛盾。新时期，北京在全国文化中心建设项目方面给予北京市文化创意产业走向国际市场的动力。在全国文化中心建设的推动下，北京立足对外文化传播和对外文化交流，以文化贸易为手段；北京作为京津冀文化贸易的核心，以北京为主体、以天津和河北为两翼、以京津冀都市文化圈为腹地，逐渐把北京建设成为全国统一开放市场的文化中

心,并推动自身成为国际文化交易中心。2012 年以来,尽管海关统计口径发生了变化,但通过海关对比数据可以看出,文化产品出口额总体上呈现先增长后下降的趋势,2012~2016 年文化产品出口额持续增长,其中 2013 年的文化产品出口增长率达到了 84.95%;但 2017~2018 年,北京市文化产品的出口额呈现负增长,2017 年文化产品出口增长率为-10.20%,2018 年文化产品出口规模更是以-30.00%的增长率进一步下降;2019 年文化产品出口有较大幅度的增长,与 2018 年相比增长了 119.86%,出口额达到 90967.08 万美元;2020年受新冠肺炎疫情的影响,文化产品出口回落至 76793.32 万美元,降幅达18.46%。如表 1 所示。

表 1　2012~2020 年北京市文化产品出口额及其同比增长

年份	出口额（千美元）	同比增长（%）
2012	155494.72	8.60
2013	287672.61	84.95
2014	168354.38	8.89
2015	198681.48	18.01
2016	657886.87	24.99
2017	591240.40	−10.20
2018	413755.20	−30.00
2019	909670.82	119.86
2020	767933.17	−18.46

注:①2012~2015 年统计指标中,文化产品包括:文化遗产、印刷品（图书、报纸和期刊、其他印刷品）、声像制品、视觉艺术品（绘画、其他视觉艺术品）、视听媒介（摄影、电影、新型媒介）、其他（宣纸、毛笔、乐器）。②2016~2020 年统计指标中,文化产品包括:图书、报纸和期刊、其他出版物、磁带、光盘、唱片、胶片、新型存储媒介、雕塑工艺品、金属工艺品、花画工艺品、天然植物纤维编织工艺品、抽纱刺绣工艺品、地毯及挂毯、珠宝首饰及有关物品、园林及陈设艺术陶瓷制品、蚕丝及机织物、收藏品、文具、乐器、玩具、露天游乐场所游乐设备、游艺用品及室内游艺器材、其他娱乐用品、胶印机、印刷机、广播电视接收及发射设备、广播电视节目制作设备、电影制作及放映设备。
　　资料来源:中国海关《北京地区出口贸易统计报表》（2012~2018 年各年 12 月）、《2019 年 1 月北京地区出口贸易统计报表》、《2019 年 2 月北京地区出口贸易统计报表》。

　　如表 2 所示，从 2020 年 3 月至 2021 年 2 月的同比增长率数据来看，与 2019 年 3 月至 2020 年 2 月同期相比，6 个月的同比增长率为负值，其中最大值出现在 2020 年 5 月，同比增长率为-60.90%；其他 6 个月同比增长率为正值，其中最大值出现在 2021 年 1~2 月，同比增长率为 139.73%。从 2020 年 3 月至 2021 年 2 月的环比增长率数据看，5 个月的环比增长率为负值，其中最大值出现在 2020 年 12 月，环比增长率为-60.10%；其他 7 个月的环比增长率为正值，其中最大值出现在 2020 年 11 月，环比增长率为 264.87%。

表 2　2020 年 3 月至 2021 年 2 月北京市文化产品出口额及其增长率

时间	出口额（千美元）	同比增长（%）	环比增长（%）
2020 年 3 月	15980.20	-50.50	—
2020 年 4 月	36076.20	-26.00	125.76
2020 年 5 月	22387.70	-60.90	-37.94
2020 年 6 月	60294.20	-14.30	169.32
2020 年 7 月	53728.06	13.44	-10.89
2020 年 8 月	46789.43	44.66	-12.91
2020 年 9 月	86483.48	28.02	84.84
2020 年 10 月	57610.00	32.08	-33.39
2020 年 11 月	210199.69	-17.23	264.87
2020 年 12 月	83868.81	-40.93	-60.10
2021 年 1~2 月	226586.36	139.73	—

　　注：统计指标中，文化产品包括：图书、报纸和期刊、其他出版物、磁带、光盘、唱片、胶片、新型存储媒介、雕塑工艺品、金属工艺品、花画工艺品、天然植物纤维编织工艺品、抽纱刺绣工艺品、地毯及挂毯、珠宝首饰及有关物品、园林及陈设艺术陶瓷制品、蚕丝及机织物、收藏品、文具、乐器、玩具、露天游乐场所游乐设备、游艺用品及室内游艺器材、其他娱乐用品、胶印机、印刷机、广播电视接收及发射设备、广播电视节目制作设备、电影制作及放映设备。

　　资料来源：中国海关《北京地区出口贸易统计报表》（2019 年 3 月至 2021 年 2 月）。

（二）细分行业"走出去"

　　2006 年被认为是北京文化创意产业发展的元年，2006 年以来，北京市文化创意产业规模不断壮大，尽管部分文化创意产品和企业走向国际市场，但国际竞争力不强。影视、出版、演艺、动漫游戏等细分行业是北京市文化创意产业"走出去"重点关注的领域。[1]

1. 影视产业"走出去"

北京影视业中以华录百纳、光线传媒、博纳影业为代表的影视企业,已经形成了一定的市场影响力和市场竞争力,但从资金实力、创作创意水平、海外营销渠道等方面建设来看,都尚未发展成熟,特别是与国际著名影视巨头相比还相去甚远,京产影视作品若要走向国际市场步履维艰。

北京市新闻出版广电局已连续11年组织北京地区的20多家影视机构参加戛纳影视节,并设置北京代表团展位,且在展会上多形式、多层次、多角度地推广北京影视作品。其中,在2018年4月交流会上,北京展团向来自30多个国家的受邀买家和媒体推介了展现中国精神及改革开放40年来取得丰硕成就的30部影视作品,有以历史转型期为背景的《最美的青春》,有反映和谐人文情怀的《情满四合院》,有刻画高精尖行业的《外科医生》,有反映留学生活的《归去来》等,通过影视作品"走出去",让世界了解中国。[2] 而长期以来,北京电视剧走向国际市场的却是凤毛麟角。2013年北京华录百纳影视有限公司制作的电视剧《媳妇的美好时代》成功"走出去",走向海外市场。但从出口对象市场来看,大多为我国港澳台地区和东南亚国家,从传播范围来看,"走出去"效果不佳。

从三大电影节的获奖数量可以看出,北京电影在国际市场上的评价不高,但与国内其他地区相比,在走向国际市场过程中还是有一定的优势(见表3)。1988~2018年,中国出品的电影在戛纳电影节上共获得奖项10项,其中由北京出品的电影共获得奖项7项,占全部获奖影片数量的70.00%;中国出品的电影在柏林电影节上共获得奖项18项,其中由北京出品的电影共获得奖项11项,占全部获奖影片数量的61.11%;中国出品的电影在威尼斯电影节上共获得奖项11项,其中由北京出品的电影共获得奖项6项,占全部获奖影片数量的54.55%。北京影视产业"走出去"之路任重而道远。

表3　1988~2021年中国内地电影在三大电影节获奖情况

电影节	年份	影片	奖项	出品机构	地区
夏纳电影节	1988	孩子王	教育贡献奖	西影制片厂	西安
	1993	霸王别姬	最佳影片金棕榈奖	北影制片厂	北京
	1995	摇啊摇，摇到外婆桥	技术大奖	上影制片厂	上海
	1999	荆轲刺秦王	技术大奖	北影制片厂	北京
	2000	鬼子来了	评委会大奖	华谊影视娱乐	北京
	2005	青红	评委会奖	星美传媒集团	北京
	2006	江城夏日	一种关注单元最佳影片	北京百步亭	北京
	2013	天注定	最佳编剧	西河星汇影业	北京
	2017	小城二月	最佳短片金棕榈奖	今古传奇影视	武汉
	2018	延边少年	短片特别提及奖	真实影像传媒	北京
柏林电影节	1988	红高粱	金熊奖、国际同盟艺术电影奖	西影制片厂	西安
	1989	晚钟	评审团特别奖	八一制片厂	北京
	1990	本命年	杰出个人成就银熊奖	青影制片厂	北京
	1993	香魂女	最佳影片金熊奖	长影制片厂	长春
	2000	我的父亲母亲	评委会大奖银熊奖	北京新画面影业	北京
	2001	十七岁的单车	评委会大奖银熊奖	北影制片厂	北京
	2003	盲井	最佳艺术贡献银熊奖（摄影）	诗瑞泰格影视	西安
	2003	英雄	AlfredBaur特别创新作品奖	北京新画面影业	北京
	2005	孔雀	评委会大奖	北京保利华亿	北京
	2006	看上去很美	杰出电影艺术创新奖	中信文化	北京
	2007	图雅的婚事	最佳影片金熊奖	万裕文化	西安
	2008	左右	最佳编剧银熊奖、特别关注奖	青红德博影视	北京
	2010	团圆	最佳编剧银熊奖	北京中天鼎盛	北京
	2012	白鹿原	最佳摄影银熊奖	华夏电影发行	北京
	2014	白日焰火	最佳影片金熊奖	幸福蓝海	江苏
	2014	推拿	最佳艺术贡献奖	陕西文投（影视）	西安
	2016	长江图	最佳艺术贡献银熊奖（摄影）	北京传灯文化	北京
	2018	大象席地而坐	处女作特别提及奖	冬青影业	浙江

续表

电影节	年份	影片	奖项	出品机构	地区
威尼斯电影节	1991	大红灯笼高高挂	最佳影片银狮奖	合拍公司	北京
	1994	阳光灿烂的日子	最佳男主角奖	合拍公司	北京
	1999	一个都不能少	最佳影片金狮奖	广影制片厂	广西
	2005	长恨歌	欧洲艺术交流奖	上影制片厂	上海
	2008	我们	地平线评委会特别奖	北京荣信达影视	北京
	2009	1428	地平线单元纪录片奖	视纳华仁文化	北京
	2011	人山人海	最佳导演银狮奖	北京宏成越天	北京
	2012	三姊妹	地平线大奖	明星影片	上海
	2016	苦钱	地平线单元最佳编剧奖	明星影片	上海
	2016	南京东	地平线单元圣马克铜狮奖	东汇集团	海南
	2018	撞死了一只羊	地平线单元最佳编剧奖	北京见天地文化	北京

资料来源：历届戛纳电影节、柏林电影节、威尼斯电影节获奖名单。

2. 出版产业"走出去"

北京是中国出版物输出的主要地区，每年图书版权输出数量占全国图书版权输出数量的 60% 左右，并且大型出版集团也大都集中在北京。从输出总量上看，2019 年，北京地区共输出出版物版权 9028 种，其中输出图书版权 8189 种、其他版权（作品）839 种；版权购买者排名前三的国家或地区分别是中国台湾地区 957 种、俄罗斯 686 种、韩国 521 种。2019 年北京地区输出图书版权同比增长 30.89%；图书版权引进输出比由 2018 年的 1.50：1 大幅下降至 0.99：1，首次实现净输出。

3. 演艺产业"走出去"

北京演艺产业以配合领导人出访和重大外交活动为契机，北京文化创意产业参与对外文化交流的出访人次总体上呈现递增趋势。在演艺市场进一步开放的同时，北京演艺产业加大了国际化的步伐，与国际大型演艺机构之间的交流日益广泛，在"引进来"的同时"走出去"。2016 年以来，北京演艺产业一直致力于推动与"一带一路"沿线国家之间的文化交流，大型舞台剧《马可·波罗传奇》荣获美国布兰森艺术委员会颁发的最佳戏剧作品和最佳舞蹈团队两项大奖；山水盛典文化产业有限公司与越南文化管理演出公司签署了越南五地（河内、下龙湾、富国岛、岘港、会安）的实景演出合作协议。随着《文化部"一带一路"文化发展行动计划（2016-2020 年）》的发布，北京演艺产业与中东欧国家演艺产业的合作交流也在不断加深，在文化部公布的 2018 年 40 个"一带一路"文化贸易与投资重点项目中，有 9 项来自北京，而其中 3 项属于演艺产业。①

4. 动漫游戏产业"走出去"

2018 年以来，随着中国国内游戏市场的发展，市场空间逐渐饱和，动漫游戏产业发展出现瓶颈，因此，大量动漫游戏企业开始拓展国际市场。在这一趋势下，北京动漫游戏产业积极开拓海外市场，在国际市场上的竞争力不断提升，在中国海外市场拓展排名前 5 位的动漫游戏企业中，北京就占了两家，分别是智明星通和趣加科技。从表 4 的统计数据来看，2014~2020 年，北京动漫游戏产业出口值随产值的增加而不断提升，动漫游戏出口值由 2014 年的42.30 亿元增加到 2020 年的 419.29 亿元，增长了近 10 倍，连续 7 年保持增长，其中 2019 年动漫游戏产业出口值占产值比重最高，为 40.02%（见表 4）。

表 4　2014~2020 年北京市动漫游戏产业出口

年份	动漫游戏产业产值		动漫游戏产业出口值		出口占比
	产值（亿元）	增长率（%）	出口值（亿元）	增长率（%）	（%）
2014	372.00	69.00	42.30	—	11.37
2015	455.00	22.31	58.70	38.77	12.90
2016	521.00	14.51	60.20	2.56	11.55
2017	627.00	20.35	116.10	92.86	18.52
2018	710.00	13.24	182.47	57.17	25.70
2019	806.00	13.52	322.53	76.76	40.02
2020	1063.00	31.89	419.29	30.00	39.44

资料来源：根据北京动漫游戏产业协会数据整理。

———————

① 2018 年文化部"一带一路"文化贸易与投资重点项目中在北京企业申报的演艺类项目："丝绸之路国际剧院联盟"剧院技术咨询服务计划（中国对外文化集团公司）、舞蹈"大唐玄奘"（中国歌剧舞剧院）、"聆听中国"音乐会丝路巡演（北京市演出有限责任公司）。

二、北京市文化创意产业"走出去"存在的问题

（一）"走出去"规模远低于"引进来"规模

如表 5 所示，2020 年，北京市文化产品进出口总额约为 37.02 亿美元，其中文化产品进口额约为 29.34 亿美元，文化产品出口额约为 7.68 亿美元，净出口额约为-21.66 亿美元，文化创意产业"走出去"能力还不强，特别是

表5　2013~2020 年北京市文化创意产品进出口规模

单位：千美元

年份	进口	出口	净出口
2013	621022. 23	287672. 61	-333349. 62
2014	511695. 76	168354. 38	-343341. 38
2015	527403. 57	198681. 48	-328722. 09
2016	1398071. 56	657886. 87	-740184. 69
2017	1504876. 26	591420. 44	-913455. 82
2018	1872760. 55	413755. 24	-1459005. 31
2019	2551367. 94	909670. 82	-1641697. 12
2020	2933914. 64	767933. 17	-2165981. 47

注：①2013~2015 年统计指标中，文化产品包括：文化遗产、印刷品（图书、报纸和期刊、其他印刷品）、声像制品、视觉艺术品（绘画、其他视觉艺术品）、视听媒介（摄影、电影、新型媒介）、其他（宣纸、毛笔、乐器）。②2016~2020 年统计指标中，文化产品包括：图书、报纸和期刊、其他出版物、磁带、光盘、唱片、胶片、新型存储媒介、雕塑工艺品、金属工艺品、花画工艺品、天然植物纤维编织工艺品、抽纱刺绣工艺品、地毯及挂毯、珠宝首饰及有关物品、园林及陈设艺术陶瓷制品、蚕丝及机织物、收藏品、文具、乐器、玩具、露天游乐场所游乐设备、游艺用品及室内游艺器材、其他娱乐用品、胶印机、印刷机、广播电视接收及发射设备、广播电视节目制作设备、电影制作及放映设备。

资料来源：中国海关《北京地区出口贸易统计报表》（2013~2018 年各年 12 月）。

从 2016~2018 年的数据看，连续 3 年文化创意产品出口额都在缩减，由 2016 年的 6.58 亿美元降到 2018 年的 4.14 亿美元，降幅达到 33.71%。与此同时，净出口的规模在逐渐增大，文化出口与文化进口相比，规模逐渐扩大，2016 年，净出口规模约为-7.40 亿美元，进口额约为出口额的 2.13 倍；2017 年，净出口规模约为-9.13 亿美元，进口额约为出口额的 2.54 倍；2018 年，净出口规模约为-14.59 亿美元，进口额约为出口额的 4.53 倍。北京文化创意产业"走出去"规模是制约北京市文化创意产业"走出去"的重要因素之一，如何扩大"走出去"规模，应依托"一带一路"倡议和增强北京文化中心建设，寻找新的市场，不断拓展海外市场和增强北京市文化创意产品的海外市场竞争力。

（二）"走出去"形式单一

北京市文化创意产业"走出去"的现实状况是轻投资重贸易，尽管北京市文化创意产业"走出去"的规模很小，出口产品和服务都很有限，但与此相比，对外投资的规模则显得微不足道。随着中国经济的发展和经济结构的转型升级，对外直接投资成为文化产业"走出去"的有效途径。"一带一路"倡议的总体布局为北京市文化创意产业"走出去"提供了很大的政策支持，中国庞大的经济体量衍生出巨大的外部市场空间，刺激了外国市场对中国文化的强烈需求，北京市文化创意产业对外投资的步伐还有待提高。在现有的海外投资中，北京四达时代集团通过投资的方式在尼日利亚、几内亚和卢旺达等非洲的 10 多个国家取得了有关数字电视转播和运营业务。到 2017 年底，北京四达时代集团在非洲已经累计对 17 个国家投资约 25 亿美元，对非洲的电视产业发展起到了巨大的推动作用，使用中国电视转播公司的用户已经超过了 1000 万人，成为欧洲大陆最重要的电视转播商之一。尽管如此，北京市文化创意产业对外投资仍有巨大的拓展空间，不仅在传媒领域，同时应拓展到出版、电影、演出等产业。[3]

（三）文化创意产业"走出去"格局尚未形成

北京市作为全国文化中心，担负着促进中外文化交流的责任。党的十九大报告对我国社会主要矛盾做了重新阐述，文化创意产业对经济社会发展的作用进一步凸显。2016 年，北京市在《关于加快发展对外文化贸易的意见》和相关政策的基础上，北京市人民政府发布《关于加快发展对外文化贸易的实施意见》，加快国家对外文化贸易基地（北京）的建设。2017 年，《北京城市总体规划（2016-2035 年）》提出，要发挥国家对外文化贸易基地的示范和引领作用。[4]

目前，文化产业"走出去"政策环境已基本形成，北京市在文化创意产业"走出去"的体系建设和平台建设正在形成，国家对外文化贸易基地（北京）、各类国际性文化展会平台、国家级文化贸易示范区正在逐步形成。

三、北京市文化创意产业"走出去"的对策建议

（一）依托"一带一路"倡议扩大"走出去"规模

服务于北京全国文化中心建设，提高"四个服务"水平，在推动"一带一路"共建计划的倡议下，北京文化创意产业"走出去"应在现有规模基础上拓展海外市场，特别是"一带一路"沿线国家（地区）文化产品市场，打造具有世界影响力的文化平台。在统筹规划和科学布局文化创意产业的基础上，突出北京文化内涵传播，重点围绕影视业、出版业、演艺业、动漫游戏业等核心文化领域拓展市场。

以现有的文化创意产业"走出去"平台为基础，着力提升和打造北京国际电影节、北京国际图书节、北京国际音乐节、北京文博会等大型国际文化盛会为基础的文化交流平台。"一带一路"倡议的实施，不仅加强了与"一带一路"沿线国家（地区）的经济交往，随之而来，"一带一路"沿线国家（地区）的人民更加迫切对中国文化和中国人民的生活方式进行了解，因此对中国文化产品和文化服务的需求也在不断增加，这是北京文化创意产业"走出去"的契机，特别是中国与东盟之间"10+1"合作机制、中国与中东欧之间"16+1"合作机制的建立，为北京文化创意产业"走出去"提供了与东南亚和

欧洲实现文化市场对接的桥梁。同时，以全国文化中心建设为契机，抓住领导人外出访问的机遇，拓展北京演艺走出国门，走向世界。

（二）促进资本"走出去"

北京文化创意产业"走出去"的最大突破口是"一带一路"沿线市场，"一带一路"倡议涉及南亚、东南亚、中亚、西亚、中东欧和北非的 65 个国家（地区），覆盖范围广，市场空间大，GDP 大约占全世界的 30%，人口规模约 44 亿。

在对外投资区域上，一方面，要继续推进对已有国家和地区的投资，特别是已具备良好投资和贸易环境的新加坡、马来西亚、印度、阿联酋、印度尼西亚、泰国等亚洲国家和俄罗斯、澳大利亚。另一方面，要拓展新的投资对象国，加强对丝绸之路经济带国家的文化创意产业投资。

同时，借助资金融通渠道，在"一带一路"沿线进行合理布局，按照文化创意产业的内在发展规律，助推北京市文化创意产业资本出海。积极推进与丝路基金和丝绸之路文化公益基金的资本对接，推动北京市文化创意企业与金砖国家开发银行、亚洲基础设施投资银行等国际金融机构的对接，建立与"一带一路"沿线国家（地区）的投资关系。[5]

（三）推动文化创意产业"走出去"格局的形成

文化创意产业发展要从宏观上进行规划，以全国文化中心建设、京津冀协同发展和"一带一路"倡议为核心，形成北京市文化创意产业"走出去"的新格局。北京市文化创意产业"走出去"需要在要素市场和产品市场形成新的发展格局。

从要素市场格局来看，北京市位于京津冀协同发展的核心地带，资源禀赋优势明显，京津冀都市圈有着丰富的文化资源，特别是在北京全国文化中心建设的推动下，北京文化创意产业"走出去"的优势进一步显现出来，如何利用好要素市场丰富的资源，形成以北京为核心、天津和河北为两翼的要素供给新格局将为北京市文化创意产业"走出去"奠定夯实的基础。

从产品市场格局来看，中国是"一带一路"倡议的核心，因此北京又是全国文化中心,北京自然成为"一带一路"倡议下文化创意产业市场的主要输出地之一。在"一带一路"倡议下,北京市文化创意产业"走出去"应形成"点—线—面"相结合的格局,以具有扎实市场基础、广阔市场空间的重点"走出去"对象国(地区)为重点产品市场,在稳定这些市场的基础上,进一步将文化产品和服务的出口拓展到"一带一路"沿线的所有国家(地区),再以"一带一路"沿线国家(地区)为节点,向周边国家进行拓展,最后形成"面",最终形成北京市文化创意产业"走出去"的产品市场格局。

参考文献

[1] 李嘉珊. 首都文化贸易发展报告(2018) [M]. 北京:社会科学文献出版社,2018.

[2] 张京成. 北京文化创意产业发展报告(2018)[M]. 北京:社会科学文献出版社,2018.

[3] 蓝色智慧研究院. 文创时代:北京市文化创意产业的发展与创新(2006-2015) [M]. 北京:中国经济出版社,2016.

[4] 刘薇. "一带一路"战略下北京文化贸易发展新思路 [J]. 中华文化论坛,2017(3):55-60,192.

[5] 葛欣航. 北京国际文化贸易政策的分析与调整建议——基于深化有效制度供给视角 [J]. 当代经济,2018(9):6-9.

Strategies and Suggestions on "Going Global" of the Cultural and Creative Industry in Beijing

Dong Tong

Abstract:Since the 19th National Congress of the Communist Party of China, the important position of the cultural and creative industry in national economic development has been further upgraded. Whether in national or regional level, the cultural and creative industry plays an important role in promoting economic development, prosperity and revival. Beijing is at the critical stage of the construction of the national cultural center. "Going global" of the cultural and creative industry is an important aspect of the construction of the national cultural center. On the basis of the current situation of Beijing's cultural and creative industry, this paper puts forward three problems that Beijing's cultural and creative industry should continue to solve from both micro and macro aspects: the small scale of "going global", the single form of "going global", and the unformed pattern of "going global". And put forward three countermeasures and suggestions: expand the market of "The Belt and Road" along the national market, promote cultural enterprises to invest abroad, and form a new pattern of both the factor market and the product market of the cultural and creative industries.

Key words: Beijing city; Cultural and creative industry; Going global; Construction of the national cultural center; "The Belt and Road" initiative

创意管理评论·第7卷
CREATIVE MANAGEMENT REVIEW, Volume 7

创意实践探索

Creative Practice Exploration

创意品牌管理：灵感在时尚品牌中塑造价值

◎ 王佳颖[*]

摘要：本文旨在探讨时尚类品牌如何通过灵感来塑造品牌影响力。传统来说，时尚品牌通过塑造卓越的社会地位来建立品牌影响力，但是这种方式在一定程度上给社会大众带来了焦虑感，而当下的趋势是通过艺术调性来启发消费者和员工来感知品牌的调性，提高品牌的吸引力。创新的品牌管理，不仅可以借文化之势塑造品牌调性，还可以将艺术特征植入产品设计中。本文提出，品牌管理的创新性在于如何以独特的方式将灵感策略植入品牌整体价值链中。

关键词：时尚品牌；创新设计；创意管理；灵感启发系统

一、引言

随着信息技术的快速发展（Töffler，1984；Bauman 2007），灵感在当代社

＊ 王佳颖，英国创意国际教育教学负责人，珠宝设计师、时装模特、国际教育者，研究方向：时尚品牌管理、创意领导力、服饰设计、可穿戴交互技术、环境可持续，联系邮箱：inspirerhub@126.com。

会的各个领域都在发展，这启发了塑造新价值的创新机会。灵感可以有意地提高创造能力，从而积极地促进企业绩效（Hawkins，2014；Gerlis，2014；Dempster，2014）。令人惊讶的是，虽然有证据可以表明我们已经真实地接触品牌管理数十年，但因为当前的品牌管理不足以为之后建立品牌信任和品牌价值，所以我们仍被迫持续使用与当前模式接近的方式来运作（Hyde，2006；Gerlis，2014；Giovanni，2011）。为了深入了解品牌与创新之间不同程度合作的竞争环境，假设的设计如下：为了在信息时代实现成功的品牌领导力，灵感促进了品牌所激发的价值创造能力的创新机会。

本文有别于只注重创造更多市场份额的传统营销项目，而是将艺术战略作为一个整体来尝试阐释综合性管理。本文研究的主要目的是为品牌战略提供创新的角度，以提高生产力和运营的适应性，以及让设计师和消费者作为一个整体参与进来。

本文着眼于探索对"灵感"的看法，尤其体现发现创新机会，并为未来的发展制定品牌中的可行性策略。根据作者的研究计划，先通过灵感的定义及如何通过创意过程来创造价值对主要研究问题进行深刻的解析，接下来，通过案例比较分析，旨在捕捉未来商业变革中的机会，以期通过创新作品为品牌创造战略。

二、文献综述

（一）灵感与创新管理

灵感被定义为在精神上被激发而去做某事或感受某事的过程，特别是做一些有创造力的事。灵感的概念始于艺术创作（Locke，2005；Coleridge，2011；Allen，1999），扩展到心理学学科（Freud，1920；Castor，1954；Kelman，1960）后，又应用到经济学和管理学领域（Tchaikovsky，2012；Engels & Marx，2012；Ackoff & Lincoln，1978；Jameson，2012；Coggan，1986；Fleeson et al.，2002；Mather，2011）。灵感的开放性通常出现在灵感之前，这表明那些

对灵感更开放的人更有可能体验到灵感。有趣的是，对工作的掌握也先于灵感，这表明灵感不是纯粹被动的，它更有利于有备而来的人。

灵感的概念通常与潜意识的创造力迸发有关。研究人员发现，灵感是创新过程的基础，而创新过程来源于创造过程（Anthony et al.，2006）。在灵感量表上得分高的人认为自己更有创造力，且随着时间的推移，他们对自己创造力的评价也有所提高。灵感催生了创造力。换句话说，创造力来自灵感（启发和被启发）。灵感是创新的平台，它将内部认知和外部认知统一起来。创新是创造力的结合过程。灵感让我们能够超越我们普通的经历和局限，是实现目标、生产力、创造力和福祉的强大动力。

简而言之，灵感驱动着创新过程，有目的性地运行着创造力，包括个体和群体的创造力。

（二）当代品牌的创新策略

与传统的品牌管理不同，当代公司使用品牌来建立企业原型，以关联利益和指导公司或组织如何执行（Kapferer，2012；Christina，2014）。因此，品牌表现为了适应未来的需求，需要满足合理创新的期望。

创新是品牌管理的基础（Vishwanath & Mark，1997）。尽管文中在品牌战略上呈现出不同的关注点，但很明显，它们都有助于为公司的盈利创造附加值，如产品价格的附加值、客户认知的附加值、B2B 交易的附加值。品牌在市场中不是为了生存，而是为了创造溢价价值（Eisingerich & Rubera，2010；Keller，2012；Kapferer，2012；Christina，2014）。品牌的目标是针对目标市场开发最有潜力的产品，而创新起到了保持价值创造能力的作用（Haig，2005；Verganti，2009）。

"品牌"的概念来自于商业视角（Keller，2012；Porter，2004）。如表 1 所示，在早期阶段，当企业只关注"价格优势"时，并不存在"品牌"的概念（类型1）。这就是所谓的"红海战略"，只拥有商业领域的价格优势。商人们认为，价格越低，就越有可能卖出产品。但当企业意识到低价并不总是产生更好的销售，消费者可能会根据需要选择价格更高的产品时，"品牌"的概念就诞生了。

表 1　品牌创新战略的四种类型

类型编号	1	2	3	4
创新战略	产品质量低，市场份额低	产品质量低，市场份额高	产品质量高，市场份额低	产品质量高，市场份额高
特征	价格低 无品牌	清晰的品牌形象 针对不同消费者群体 协调分销	定位品牌形象 分销	品牌形象 社会责任， 适应环境
优势	销售力， 过程简单， 易于管理	帮助交流任务， 获得分销， 提高推广效率	品牌定位过程， 更高质量形象， 客户的信任， 降低买方风险	交易型， 授权型， 变革型。 榜样行为
劣势	无法超越商品的范畴，成为真正的品牌	不符合品牌， 增加不理想的属性关联， 减少创造新品牌资产的机会	给最初成功的品牌带来风险， 名称混淆， 对非受众市场有限	大规模投资创新， 未来回报的不确定性

　　商人们改用"蓝海战略"，专注于创造差异化（Porter，2004；Osterwalder & Pigneur，2010）。蓝海战略又分为两种类型：以市场为中心（类型 2）和以产品为中心（类型 3），它们各有优缺点。以市场为中心的品牌有良好的市场范围，但开发内部能力的决心有限（Coggan，1986）。这些企业的目标是通过大规模分销来销售较便宜的产品。品牌可以变得广为人知是因为它随处可见（Hunziker & Jones，1994）。然而，分销渠道的限制让情况越发困难。通过 Facebook、微博等社交媒体，网络购物可以跨越国家、市场和社会阶层，这意味着品牌管理者不能像以前那样控制分销了。相反，以产品为中心的品牌对产品开发持良好的态度，但接受市场意见的意愿较低（Verganti，2009；Brynjolfsson & McAfee，2011）。以奢侈品牌为例，品牌管理者更倾向于通过广告和社交活动等渠道对产品进行定位和推广。他们向消费者传递企业形象和价值（Chernatony，2010；Christina，2014）。但是这种类型的品牌只能在有限的市场中生存，即使其产品处于行业高水平（Haig，2005）。在这种情况下，专注于单一策略是行不通的。

根据《哈佛商业评论》（2003 年），类型 4 在产品和市场份额方面处于前沿品牌的地位。在类型 2 和类型 3 中已经提到，类型 4 通常也需要品牌一致性的能力，并结合产品创新和传播创新（Solis，2011；Chesbrough，2006）。此外，前沿品牌也有清晰的品牌洞察力，可以直接指导管理者和员工支持公司的决策或政策。在树立品牌价值之前，品牌管理者需要提供自我启发的洞察力，以及查明公司提供选择价值的原因（Leslie，2010；Kapferer，2012）。全球性资源，如水、太阳能，为品牌价值的建立提供了更多的可持续性洞察力（Keller，2012）。非均衡资源将成为全球品牌的主要竞争资源。更重要的是，由于来自互联网的互动越来越多，前沿品牌的管理者也需要以更开放的态度和合作的意愿来创造品牌传播的每一种可能性。

综上所述，创造力是连接灵感和创新的关键前提之一（Castor，1954；Kelman，1960）。更重要的是，品牌战略需要更多地考虑整体性，而不只是仅仅专注于产品设计或市场开发（Kapferer，2012；Keller，2012）。品牌管理者需要更强的品牌一致性能力，将重视品牌洞察力和品牌传播的灵感联系起来（Mizik & Jacobason，2005；Keller，2012；Kapferer，2012）。

三、案例分析

以下三个案例研究分别来自实地调研和商业案例的研究参考。由于迈宝瑞（Mulberry）是笔者实习期间研究的主要品牌，因此将其作为案例分析的第一个案例。爱马仕（Hermès）是在时尚行业处于领先地位的奢侈品牌，在产品设计和营销推广方面开拓了艺术灵感（Tchaikovsky，2012），因此选择爱马仕作为第二个案例。第三个案例展示了时尚博主的兴起，这是品牌传播的新机会。这三个案例研究旨在确定灵感如何驱动品牌战略。

（一）案例 1：利用文化优势输出品牌价值

1. 迈宝瑞（Mulberry）的起源

成立于 1971 年的 Mulberry 是英国奢侈时尚品牌。迈宝瑞（Mulberry）始于英国萨默塞特，以编织皮带和皮革配件起家，1975 年在伦敦取得了商业上的成功。随后，该品牌发展出不同的品牌价值，转而呈现给我们现代风格的产品。现今，迈宝瑞已经成长为一个全球性的品牌。该品牌致力于"时尚引领、现代奢华、英式生活、传统/英国制造"。

2. 内部战略：领导地位的皮革技艺

迈宝瑞的传统是坚持手工皮革。它扩展了皮革产品的多样性，包括手袋、皮带和配饰等；其旗舰工厂拥有 700 名工匠，也经营着强大的皮革制造厂。迈宝瑞为年轻的工匠提供 18 个月的培训课程，以提高下一代员工的工艺技能。为期 18 个月的培训课程结束后，可授予培训工匠皮革技能和技术证书。迈宝瑞开设培训课程的目的是："提高年轻员工的技能，让他们成为迈宝瑞家族中的优秀工匠"。同时，该公司也在履行社会企业的社会责任，包括动物福利和社区参与。社区参与是一种融入英国文化的战略，塑造了英国制造的最佳质量的品牌形象。迈宝瑞 2012 年财务报告显示，皮革产品销售额约占总销售额的 77%。迈宝瑞致力于内部战略，以稳固他们的皮革领导地位。

3. 利用节日文化的广告

迈宝瑞结合节日文化推出产品。一个例子是圣诞节。圣诞节是西方最重要的节日，也是迈宝瑞的广告活动日之一。考虑到西方人通常会在圣诞节为家人朋友购买礼物，迈宝瑞播出了"赢得圣诞"的广告。广告中，一位女士打开来自家人和男友的圣诞礼物，其中最让她印象深刻的是迈宝瑞的手提包。正如迈宝瑞承诺的那样，该品牌致力于将其产品融入现代英国的生活方式。笔者从 2014 年冬天开始在迈宝瑞的圣诞产品部门工作，发现确实大多数消费者购买迈宝瑞是作为圣诞礼物，而不是买给自己。另一个例子是中国新年。由于 2015 年是中国文化中的羊年，迈宝瑞就制作了羊元素的工艺品，消费者可以从其官方网站上购买。因为红色在亚洲节日文化中是代表快乐的颜色，迈宝瑞还设计了红色的限量版 Cara Delevinge 手袋。以上两个例子表明，迈宝瑞将节日文化作为营销手段。由于每个人都为新年投入时间、金钱和情感，新年节日便成了品牌以节日的形式投放广告的最好时机，体现了品牌对消费者节日文化和节日生活方式的了解。

4. 时尚形象

迈宝瑞并没有实现全部品牌承诺。最令人失望的是，迈宝瑞不是时尚的领导者。虽然迈宝瑞有多种时尚产品，但其设计是保守的，品牌审美（颜色和图案）的引用枯燥而且过时。迈宝瑞 2012 年度报告显示，虽然其总销售额有所增加，但原价产品的销量有所下降，而奥特莱斯的产品销量却增加了。这表明，迈宝瑞的产品在前沿时尚中越来越没有价值，这对于时尚导向的品牌来说是个不好的消息。尽管迈宝瑞与众多名人、时尚博主、音乐家和艺术家合作，展示迈宝瑞的系列产品，还在伦敦时装周期间与许多时尚名人举办派对，共同打造时尚与艺术的网络，提醒着消费者迈宝瑞是一个现代时尚品牌。然而，他们大多都没有核心的视觉标识，也就没有创造出迈宝瑞独特的时尚风格和审美。这些名人把文化作为推广迈宝瑞产品的工具，而不是把时尚作为工具。消费者没有看到迈宝瑞创造的真正的时尚价值，如设计师、面料、颜色、趋势或新造型。因而品牌战略并没有使迈宝瑞成为时尚的领跑者，这也就是 2012 年其服装销售额仅占总销售额 4% 的原因之一。

5. 数字通信

迈宝瑞的另一个初期策略是数字互动，其官方网站显示了"商店、收藏、探索"，有三个主要功能：销售、产品信息和新闻。该网站提供购买产品和发布新闻的服务，观众通过阅读文字或观看视频了解新闻。在互联网时代的推动下，互联网成为人们聊天、娱乐、社交最重要的社交工具，对年轻人来说尤其如此。人们从互联网上获取大量信息。互联网是激励他们最重要的工具。在这种情况下，迈宝瑞并没有充分利用互联网和数字技术，这也就是为什么迈宝瑞的年轻粉丝很少，大多数顾客是中年人的原因之一。根据笔者在迈宝瑞实习期间的观察，近 85% 的迈宝瑞消费者年龄在 35 岁以上（在伦敦的塞尔弗里奇购物中心），购买时尚圣诞礼物的年轻人通常不会选择迈宝瑞。该品牌在以时尚形象来吸引受众方面做得还不够。

迈宝瑞的案例表明，品牌的一致性与企业内部的技术开发和外部的价值发展有着重要的联系，品牌通过联系这两者实现品牌承诺。

（二）案例 2：在线数字游戏

1. 爱马仕（Hermès）的起源

爱马仕是高端服装及配饰的生产和零售品牌，20 世纪末在法国以马具制造起家。1920 年开始，汽车变得比马匹更受欢迎，该企业意识到，只销售马具并不符合不断增长的市场机会，于是，它转变为时尚品牌。这显然是一个十分明智的品牌推广举措，关键是思考了如何使品牌更接近未来的生活方式。

2. 年轻消费者与数字化世界

如今许多年轻人花在数字游戏上的时间增多。可以看到，通过玩数字游戏，他们可以放松自己、在网上交友、与家人享受美好时光。爱马仕在其官方网站上发布了各种类型的数字游戏。其中人们可以找到传统的游戏，如国际象棋和拼图，或一些现代电子游戏。

首先，这些数字游戏对所有人开放，玩家不限于爱马仕客户或会员，且无须登录或输入任何个人信息，给人的第一印象就是这只是一个游戏，人们可以自己玩，也可以邀请朋友一起玩。总之，任何人玩爱马仕的数字游戏都不需要先决条件，无论是否对爱马仕热衷都可以随心所欲地玩游戏。

其次，爱马仕的产品及其许多品牌元素已经被错综复杂地融入游戏的设计和设置中。例如，当玩家完成一款拼图游戏时，最终看到的图片实际上是爱马仕丝巾上的图案（见图 1）。你可以想象，这样的图案在玩家多次尝试后会留下怎样的印象。如果他们下次去爱马仕商店，碰巧在橱窗里看到有这样图案的围巾，他们会有多大可能购买呢？

最后，《拉力赛 24》赛车游戏。该游戏以爱马仕餐具系列命名，灵感来源于复古跑车和赛车道。在游戏中，玩家控制他们的"极速跑车"（通常是蔬菜或水果），在虚拟赛道上绕过障碍物。与国际象棋或拼图相比，这个游戏颇有现代风味。然而，在 21 世纪的年轻人看来，这个游戏依然是复古的。在这样的情境下玩游戏，对于玩家来说不仅是一种娱乐，更是一种自然学习《拉力赛 24》收集的过程。游戏中的所有障碍物都来自于《拉力赛 24》的收集——

盘子、碟子、碗、玻璃杯、马克杯等。

图1　一个与爱马仕核心品牌形象相关的拼图游戏

资料来源：爱马仕官网。

从这些游戏中，我们也可以看到爱马仕是如何坚持其品牌传统的。由于爱马仕最初的业务都与马具有关，所以马在其许多数字游戏中反复出现。此外，许多游戏选择橙色，即爱马仕的标识色，作为基础颜色。尽管设计和设置不尽相同，但所有游戏都以自己的方式传达了爱马仕的品牌基因。

3. 品牌形象的嵌入

无障碍数字游戏使每个人都有机会成为爱马仕的潜在消费者。报道称，刻意的推广或宣传很可能会引起消费者的反感。显然，人们在玩游戏时会变得更加放松，也就更愿意接受商业宣传。即使是不喜欢爱马仕，或者一开始对爱马仕一无所知或知之甚少的游戏玩家，也会开始接受由他所沉浸的游戏所传递的信息，并不自觉地受到爱马仕的影响。毫无疑问，这是一个传达爱马仕品牌价值的好时机。

以上只是这个神话的一方面。它揭示了爱马仕如何利用数字游戏吸引年轻消费者。随着大数据的发展，爱马仕也可以从玩家的输入中收集到客户方面的信息。这里，玩家的输入指的是他们的在线行为，例如，哪款游戏是玩家的最爱，或者玩家在哪款游戏上停留的时间更长。通过对玩家行为的详细分析，爱马仕至少可以知道哪些品牌价值已经被消费者充分认可，而哪些还未被充分吸收。这至少能表明爱马仕应该在哪个方向做出改变及如何做出改变。

在线游戏也可以作为一个平台，来反映年轻消费者对爱马仕设计的喜恶。目前为止，数字游戏只包含和传达了已经在市场上销售的爱马仕产品的信息。未来，爱马仕还可以通过游戏发布新的设计，并收集消费者的反馈。例如，一种新的围巾图案可以用在拼图游戏中，拼图完成后，爱马仕可以询问玩家是否喜欢围巾采用这种图案。当数以千计的玩家透露他们对围巾图案的偏好时，拼图就不仅仅是一款数字游戏了，而成为了信息聚合器，可以在日益活跃的市场中更精确地收集和预测消费者的品位。这反过来也能为爱马仕的设计师带来灵感。

目前为止，玩爱马仕在线游戏不需要个人信息。对爱马仕来说，让玩家自我决定匿名或注册是个好主意。如果玩家注册了，爱马仕就可以通过在线行为了解更多关于个人消费者偏好的细节。

在线数字游戏只是爱马仕品牌在这个信息时代推广的一个缩影。2001 年，爱马仕成立了电子商务部门，领先了大多数的奢侈品品牌。随后，爱马仕发布了一系列应用程序，如 2013 年 9 月发布的《丝结》（*Silk Knot*）和 2014 年 8 月发布的《平局》（*Tie Break*）。爱马仕在这方面的努力与时俱进，现已在奢侈品行业确立了绝对的领先地位。

正如爱马仕美国公司总裁兼首席执行官罗伯特·查韦斯（Robert Chavez）在 2014 年接受《妇女世界日报》（*Women's World Daily*）采访时所说的那样："因为涉及开发应用程序和线上线下体验的衔接，（爱马仕）公司正大力投资数字领域。"

对于像爱马仕这样的奢侈品牌来说，年轻消费者构成了主要的客户群体，但他们的品位也在不断变化。游戏化为爱马仕在年青一代中培养品牌忠诚度开辟了新的战场。推广数字营销的目的不仅是让年轻人接触到爱马仕文化，而且是为了让爱马仕发现他们的品位、偏好和期望。

（三）案例3：时尚博主新势力

1. 时尚博主介绍

近年来，时尚博主的兴起和繁荣是时尚界最显著的特征之一。任何人都可以打开博客或微博，发布任何想展示或与他人分享的内容。任何人也都可以浏览别人的公开博客，并发表自己的评论、建议或批评。

这就是如今许多时装设计师和零售商都在积极运营自己的时尚博客的原因。与时尚杂志或电视节目等传统的广告方式相比，博客可以加快更新频率快速反应，因此十分适合时尚新闻。有些设计师甚至雇人专门关注博客，并跟踪博客对销量的影响。

2. 从个人创造力到社会影响力

时尚博客的数量呈指数级增长，对行业的影响越来越大，浏览博客已成为人们生活中不可或缺的一部分。潮汐中心进行的"皮尤互联网与美国生活"项目研究表明，大约11%的互联网用户经常阅读博客。

由于时尚博客更容易被访问，所以世界各地的时尚爱好者几乎可能同时接触到最新的新闻。例如，"中西部的学生可以和在纽约或洛杉矶的学生一样，很快地跟上当前的潮流"。因此，如今时尚界比以往任何时候都被更紧密地联系在一起。

此外，时尚博客和博主不仅仅被视为数字时代的免费广告平台，他们的影响力实际上更加广泛。时尚的需求方，即众多的时尚消费者，不再是"沉默的大多数"。由于个人可以很轻易地建立时尚博客和展示个性化时尚服装，一个普通人也可以用自己的方式参与到"精英"的时尚世界里。许多博客作者实际上是纯粹的局外人，他们的工作与时尚无关，只是时尚的忠实消费者，对时尚有着强烈的看法。在博客诞生之前，他们大部分的业余时间都花在逛街上，只能在一个小圈子里表达和交流自己对时尚的独到见解。如今，他们的声音能够被全世界听到。这是博客如何影响所有人的明显例子。

由品牌以外的人经营的时尚博客更加个性化，充满了个人风格。博客作者可以自由评论最新的流行趋势，发布一些他们穿着的艺术照片，并阐述时尚观点。瓦塞尔（Wassel）正确地总结道："博客将杂志的街头风格和T台时尚融入自己的个人风格中，创造出读者可以联系的体验。"一个人在逛街时是路人，在浏览时尚杂志时是读者，但在评论最新潮流时是评论家，在展示自己风格时甚至是设计师。

四、讨论与总结

随着信息技术的发展，人们将对消费者和品牌给予更密切的关注。网络不断在原始公司、消费者、供应商和用户间创造新兴的交流方式，这是品牌一个难得的机会，可以利用新兴的网络创造新的品牌希望。即使品牌不太容易控制沟通，但可以利用与大众信息的合作。这既是挑战，也是机遇。如果品牌应采用这种合作来发展品牌一致性的灵感，这种互动可以产生积极的效果。协同创新（共同创新）中的互动运作是品牌领导力研究的重大课题。

首先，品牌管理者应该改变领导风格。传统意义上，品牌作为权威，推动消费者接受来自企业的观点，其与消费者的主要的沟通方式是单向的，比如消费者看电视广告或阅读杂志。但与消费者的沟通并不局限于促销层面，消费者也不再处于被动接受的状态。新的品牌领导风格需要消费者有意识地牵引。品牌成为网络中参与方之一，一些企业开始通过实际产品开发的研究获取消费者的意见，因此，产品变得更加人性化和个性化。大量的创造力存在于企业之外（Chesbrough，2006）。消费者感受到了自己对品牌的归属感，有权发表意见。将来，购买产品或服务不仅是几分钟内的行为，而且是长期交流游戏的组成部分（Bass，1988）。这种开放的态度有利于提高品牌知名度，拓宽市场范围。

其次，创造力也是产生粉丝的工具。迈宝瑞与时尚博主和歌手合作，创造了多样化的风格。这是品牌作为营销工具的来源，是产生创意的方式，也是连接品牌与其粉丝、客户或追随者的东西。爱马仕构建"马"的数字游戏，以吸引年轻消费者。因此，未来的品牌领导力需要以开放的心态来看待世界，不断更新想法。

此外，某些客户，如时尚博主，通过使用在线信息工具，可以与品牌建立更深层次的关系，这不仅提供了更多的宣传机会，也提供了新的角度和视角。过去，时装设计师是大家关注的焦点，但随着博客的出现，他们看似坚不可摧的垄断地位开始被削弱。颠覆性的是，如今无论是供应方，即时装设计师、零售商、品牌管理者，还是需求方，即普通消费者，都在竞相争抢眼球。"博客的读者不关心他们多年的经验，而是关心他们对时尚纯粹的热情，以及他们如何利用在 T 台上看到的东西来塑造自己的个人风格。"（NYT, 2009）《纽约时报》的时尚作家埃里克·威尔逊（Eric Wilson）写道："时尚博主已经从后排廉价座位上升到前排，如此之快，以至于编辑们长期以来一直持有的社会准则，一种将地位和经验置于野心或享受的外在展示之上的准则，几乎化为乌有。"这些新出现的迹象表明，设计师并不是推动时尚的唯一有力权威，公众也可以按照自己的意愿提升个人品位。时尚博客是设计师和消费者之间以及消费者之间的互动系统。设计师和消费者之间的界限正变得越来越模糊。一些业余博主已经在读者中赢得了声誉，以至于他们也成为互联网上的意见领袖。但在过去，话语霸权实际上是由一小撮批评家和专家掌握的，他们负责解释新潮流的理念，并有权决定什么应该流行，什么不应该流行。

再次，虽然对品牌来说外部投入越来越重要，但品牌最重要的仍然是保持独特的品牌价值。理想的品牌能够鼓励在品牌形式下的所有可能的创意。爱马仕以其橙色手袋闻名，因其创新的橙色不同于以往的橙色而出名。爱马仕橙比其他品牌常用的橙色有更高对比度的纯度。在产品推出之初，爱马仕橙就与众不同，因而人们觉得爱马仕橙是时尚的。虽然爱马仕橙不能搭配所有的衣服，但人们仍然热衷于它，这是因为橙色是在品牌层面而不是产品层面推出的，橙色以各种形式呈现：橱窗展示、标志、数字游戏和网站设计等，顾客认为橙色不仅是包里的颜色，更是与日常生活相关的灵感，爱马仕橙成为品牌与消费者沟通的语言。品牌必须监控品牌的一致性，以确保与特定目标的可持续性沟通。如果品牌做不到这一点，消费者可能会混淆品牌的价值判断，最终无法与品牌所承诺的价值建立长期的信任。

最后，尽管互动不可避免，无处不在，但沟通并不是品牌管理的全部工作。协同创新的关键是保持品牌的一致性。"品牌的一致性指的是组织属性之间的一致性和强化效应，而不是指任何一个孤立属性的存在或掌握"。品牌保留意见领袖（Kapferer，2012），但不是作为权威来推动他们创造的想法，而是通过他们创造的想法来拉动网络。他们同时与股东、管理者、员工、客户和供应商保持联系。例如，近百年来，爱马仕一直在争夺奢侈品和时尚行业的最佳品牌地位。众所周知，爱马仕与来自爱马仕家族的设计师有着紧密的联系。领先的时尚品牌使用的内部创新大多是由内部团队创造的（Gibson & Kincade，2010；Arnold，2010）。只有当一个品牌能够赋予向客户承诺的价值时，品牌领导力才能发挥作用。一致性的组织能够产生品牌信任感。

因此，品牌管理者应该考虑在多大程度上接受消费者网上的评论，因为并非所有来自消费者的反馈都是有价值的。品牌管理者需要开发一个系统来过滤和分析，只整合有价值的评论。诚然，对于设计师和品牌来说，通过网络向更广泛的受众传播他们的新想法更加方便，成本也更低。但设计师和品牌应该如何回应受众的反馈，尤其是负面的？这些反馈真实地反映了所有消费者的平均偏好，但还是仅仅代表了一小部分人？如果我们将这些反馈看作是消费者品位的样本数据，那我们需要知道这个样本是否存在偏见。人们会在网上真诚地表达他们的真实意见吗？这些担心并不是多余的，因为众所周知，人们的行为，尤其是在网络上匿名时，是和非网络下非常不同的。即使一个人必须登录才能给出反馈，他们所写的是否与他们所想的完全一致仍然是一个问题，因为他们发出尖锐的评论并不会给自己带来什么损失，而负面的评论只是廉价的意见。此外，因为可以在网上看到许多其他人的观点，一个人很容易附和他人的观点而失去自己的观点。这就是为什么仍然较难对时尚博客如何改变时尚设计过程进行规范性分析的原因。

总而言之，协同创新需要保持品牌一致性，将品牌洞察力与品牌传播统一起来。品牌应当鼓励沟通和互动，但最好是在产品设计的早期阶段整合消费者的意见。通过品牌导向的灵感来提升协同创新，可以实现未来更好的品牌领导力。

参考文献

［1］TÖFFLER A. The third wave ［M］. New York：Bantam, 1984.

［2］BAUMAN Z. Liquid times：Living in an age of uncertainty ［M］. London：Polity Press, 2007.

［3］HAWKINS R D. Power vs force：The hidden determinants of human behaviour ［M］. California：Hay House, 2014.

［4］GERLIS M. Art as an investment：A survey of comparative assets ［M］. Chicago：Lund Humphries, 2014.

［5］DEMPSTER M A. Risk and uncertainty in the art world ［M］. Edinburgh：Bloomsbury Publishing, 2014.

［6］HYDE L. The gift：How to creative spirit transforms the world ［M］. Boston：Canongate Books, 2006.

［7］GIOVANNI S. The value of arts for business ［M］. Cambridge：Cambridge University Press, 2011.

［8］LOCKE J. An essay concerning human understanding ［M］. London：Amazon Media EU S. à r. l., 2005.

［9］COLERIDGE S T. The complete poetical works of samuel taylor coleridge ［M］. London：Amazon Media EU S. à r. l, 2011.

［10］ALLEN M. Renaissance neoplatonism. The cambridge history of literary criticism ［M］. Cambridge：Cambridge University Press, 1999.

［11］FREUD S. A general introduction to psychoanalysis ［M］. London：Amazon Media EU S. à r. l., 1920.

［12］ CASTOR G. Pléiade poetics: A study in sixteenth－century thought and terminology ［M］. Cambridge: Cambridge University, 1954.

［13］ KELMAN H. Crimes of obedience: Toward a social psychology of authority and responsibility ［M］. New Haven: Yale University Press, 1960.

［14］ TCHAIKOVSKY P I. Letter to his benefactress ［EB/OL］. http: //www. brainpickings. org/2012/07/24/tchaikovsky-on-work-ethic-vs-inspiration/, 2012-07-24/2015-02-23.

［15］ ENGELS F, MARX K. The communist manifesto ［M］. Munich: Amazon Media EU S. à r. l. , 2012.

［16］ ACKOFF R L, Lincoln. The art of problem solving ［M］. New York: John Wiley & Sons, 1978.

［17］ JAMESON F. Postmodernism, or, the cultural logic of late capitalism (Post-contemporary interventions) ［M］. New York: Cornell University Press, 2012.

［18］ COGGAN P. The money machine: How the city works: A report from the inside ［M］. London: Richard Clay Ltd, 1986.

［19］ FLEESON W, MALANOS A B, ACHILLE N M. An intraindividual process approach to the relationship between extraversion and positive affect: Is acting extraverted as "good" as being extraverted? ［J］. Journal of Personality & Social Psychology, 2002, 83 (6): 1409-1422.

［20］ MATHER G. Essentials of sensation and perception ［M］. New York: Routledge, 2011.

［21］ ANTHONY S D, EYRING M, GIBSON L. Mapping your innovation strategy ［J］. Harvard Business Review, 2006, 84 (5): 104-113+157.

［22］ KAPFERER J N. New strategic brand management: Advanced insights and strategic thinking ［M］. 5 th ed. London: Kogan Page, 2012.

［23］ CHRISTINA R. Internal brand management in an international context ［M］. New York: Springer Gabler, 2014.

［24］ VISHWANATH V, MARK. Your brand's best strategy ［EB/OL］. https: //hbr. org/1997/05/your-brands-best-strategy/ar/1, 1997-05/2015-02-23.

［25］ EISINGERICH A B, RUBERA G. Drivers of brand commitment: A cross-national investigation ［J］. Journal of International Marketing, 2010, 18（2）: 64-79.

［26］KELLER K. Strategic brand management ［M］. New York: Pearson, 2012.

［27］HAIG M. Brand success: How the world's top 100 brands thrive and survive ［M］. New York: Kogan Page, 2005.

［28］VERGANTI R. Design-driven innovation: Changing the roles of competition by radically innovating what thinks means ［M］. Brighton: Harvard Business School Publishing Corporation, 2009.

［29］PORTER E M. Competitive strategy: Techniques for analysing industries and competitors ［M］. New York: Free Press, 2004.

［30］OSTERWALDER A, PIGNEUR Y. Business model generation: A handbook for visionaries, game changers, and challengers ［M］. New York: John Wiley & Sons, 2010.

［31］HUNZIKER J R, JONES T O. Product liability & innovation: Managing risk in an uncertain environment ［M］. Washington DC: National Academy Press, 1994.

［32］BRYNJOLFSSON E, MCAFEE A. The pace of technological innovation is still increasing ［M］. Amsterdam: Digital Frontier Press, 2011.

［33］CHERNATONY L D. From brand vision to brand evaluation: The strategic process of growing and strengthening brands ［M］. 3 th ed. Switzerland: Elsevier Ltd, 2010.

［34］SOLIS B. The end of business as usual: Rewire the way you work to succeed in the consumer revolution ［M］. New York: John Wiley & Sons, 2011.

［35］CHESBROUGH H. Open innovation: The new imperative for creating and profiting from technology ［M］. Boston: Harvard Business School Press, 2006.

［36］MIZIK N, JACOBSON R. Talk about brand strategy ［J］. Harvard Business Review, 2005, 83（10）: 24-25.

［37］DAVIS G. Annual report and accounts ［R］. UK: Mulberry Group Plc, 2012.

［38］BASS B. The inspirational process of leadership ［J］. Journal of Management Development, 1988, 7（5）: 21-31.

［39］DEMIL B, LECOCQ X. Business model evolution: In search of dynamic consistency ［J］. Long Range Planning, 2010, 43（2/3）: 227-246.

［40］GIBSON Y, KINCADE D. Merchandising of fashion products ［M］. London: R. R

Donnelley & Sons Campany, 2010.

[41] ARNOLD R. Fashion, desire and anxiety [M] . New Jersey: Rutgers University Press, 2001.

Creative Brand Management: Inspiration Creates Value in Fashion Brands

Jiaying Wang

Abstract: This research project aims to discuss how fashion brands shape brand influence through inspiration. Traditionally, fashion brands build brand influence through excellent social status[33,34], while this approach brings a certain degree of public anxiety[1] . Whereas the current trend is to inspire consumers and employees to perceive the brand tonality through artistic tonality, and thus increase brand attraction. Innovative brand management not only take advantage of culture to shape brand tonality, but also embed artistic features into product design. This research project proposes that the innovation of brand management lies in how to embed inspiration strategy into the overall brand value chain in a unique way.

Key words: Fashion brand management; Innovative design; Creative management; Inspiration system

中国当代艺术市场的发展历程：以泓盛拍卖为例

◎ 孙佩韶　李庆芳　谢明宏[*]

摘要： 孙佩韶于 2006 年加盟上海泓盛出任副总经理，在其执掌下泓盛的当代艺术拍卖层出新意，体现出商业与学术并进的势态。作为上海最早开设中国当代艺术专场的拍卖公司，上海泓盛拍卖在当代艺术板块的起伏变化，折射出整个拍卖市场当代艺术行业的发展与变化。泓盛拍卖过去 17 年的发展，从交易模式、价值主张、主要合作关系人等层面分析可分为三段历程：第一段历程，泓盛拍卖开业就为市场投下"十年计划"，完成"立足本土""与国际接轨""建立话语权"的目标。以春、秋两季的传统拍卖为交易模式，实现拍卖共创——创公司、创市场。第二段历程，泓盛空间秉承"一项展览·一件拍品·一段历史·一生收藏"的理念，以学术化、专案化为目标，深度挖掘中国近现代与当代艺术的经典个案。以综合拍卖、展览销售等多元共创的交易模式，实现创关系、创拍品。第三段历程，跨界合作，以

---

* 孙佩韶，上海自贸区国际艺术品交易中心营运总监，泓盛空间（上海）总经理，E-mail：peishaosun@163.com；李庆芳，实践大学国际贸易学系教授暨系主任，研究方向：质化研究、知识管理、跨界合作、开创学习、价值共创，E-mail：reskm98@gmail.com；谢明宏，实践大学管理学院创意产业博士班教授兼主任，研究方向：创意管理、创意产业研究、创意产品之市场分析与行销，文化都会品牌行销以及时尚行销等，E-mail：ming1612@gmail.com。

"立足上海，面向全国，放眼世界"作为方向。泓盛拍卖联合各界人士寻求创新，拓展具时代性的新收藏体系。实现跨界共创——创品牌、创商模。

关键词： 中国当代艺术；艺术市场；拍卖；共创

中国当代艺术市场的源起，艺术评论家高名潞[1] 在《中国当代艺术史》一书中提到："市场、收藏和资本进入当代艺术的狂潮在 2005 年、2006 年、2007 年达到高峰，尽管在 2015 年左右艺术市场进入低潮，但是美术馆、市场、收藏组成的艺术机构已经成为主导当代艺术总体形象的话语力量。2005 年是中国当代艺术全面市场化开始的节点。"

笔者出生于广东东莞，从小喜欢画画，在中国香港就读小学、中学期间，美术科目都是名列前茅，后赴中国台北就读于政治大学外交系，大学期间一直在课余时间浸溺于美术社团，后来随着一颗向往艺术的心遂前往美国读博物馆学硕士专业，求学期间就开始在美术馆担任学术研究员，着手展览设计规划等工作。笔者 20 世纪 90 年代末在中国台北从事画廊业，2001 年从中国台北到北京涉足两岸画廊业；2004 年赴上海任职于上海保利拍卖行，开启艺术品拍卖事业；2006 年加盟泓盛拍卖。至今，一直在执行推动中国当代艺术市场的工作，同时也是过去十多年中国当代艺术市场发展的见证者。笔者的经历呼应了高名潞认为的：2005 年是中国当代艺术全面市场化开始的节点。

根据 Artprice 网站 2008 年的统计，上海泓盛位列全球当代艺术拍卖企业的前 10 名[2]，是上海唯一上榜的拍卖企业，事实上，也是上海最早开设中国当代艺术专场的拍卖公司。2022 年泓盛已踏入第十七个年头，回顾过去的十多年，笔者一直在做一件事，就是"推动中国当代艺术市场发展"。可以这么说，"十七年"上海泓盛拍卖在中国当代艺术板块的起伏变化，折射出整个中国拍卖市场及中国当代艺术行业的发展与变化。泓盛拍卖过去"十七年"的发展，基本上可分为三段历程：第一段历程是拍卖共创——创公司、创市场；第二段历程是多元共创——创关系、创拍品；第三段历程是跨界共创——创品牌、创商模。

一、第一段历程：拍卖共创——创公司、创市场

笔者比较幸运，在加盟泓盛拍卖之前，已经在美国的美术馆、中国台北的画廊、北京的画廊等地方工作过，加上曾任职于上海保利拍卖行工作的两年，积累了很多相关的宝贵经验。2006 年加入泓盛拍卖后，笔者全心全意打造泓盛平台，但是当年直接面临两大问题及挑战：第一，泓盛是一家全新成立的拍卖公司，如何在行业立足？十多年前在上海，艺术品拍卖远远地落后于北京，尤其是当代艺术门类的拍卖更是冷门，这对于刚成立的泓盛拍卖来说是个很大的考验。第二，在当年的中国当代艺术市场几乎是空白的情况下，如何建立市场？所谓的空白是指在当年的上海没有拍卖行开设过当代艺术专场。泓盛团队是最早一批在上海正式做中国当代艺术拍卖工作的从业人员，严格来说，2006年，中国当代艺术市场在上海仍然未形成气候。

面对两大问题及挑战，泓盛团队仍然决心为市场投下第一个"十年计划"。十年的规划，分为三个阶段，分别以三年、四年为一个阶段。

第一个阶段的最基本方针是"立足本土"。立足本土有两层含义：第一，泓盛是上海本地注册的拍卖公司，本身的基本定位要做到立足本土，被上海认可。第二，有责任地推动代表中国本土的当代艺术家们进入市场。这点是相对于国外的拍卖行以苏富比及佳士得为代表而言，中国香港苏富比于 2004 年秋季拍卖会首次开设"中国当代艺术"专场，同年，中国香港佳士得也紧跟开拍中国当代艺术作品。然而，这两家拍卖行上拍的中国当代艺术作品仅主要针对几位艺术家：张晓刚、王广义、岳敏君、方力钧（他们被市场人士称为"F4"），还有蔡国强、曾凡志、刘野等。泓盛团队从宏观的当代艺术史专业上判断，代表中国当代艺术不能只有这几位艺术家，于是就定下泓盛开业的头三年以"立足本土"为方针，主要是从宏观的美术发展史来推动中国当代艺术，特别要推动苏富比与佳士得没有上拍过的当代艺术。这样既能达到沿着美

术史的发展脉络推动中国当代艺术，弥补当代艺术拍卖市场的不足，又能做到与国外拍卖行有所区别，不需要与其重叠拍品，真正地体现国内拍卖行的特色与专业。

还记得在 2007 年，一位国内藏家愿意委托泓盛上拍一幅张晓刚的作品，但要求该作品必须作为该场拍卖图录的封面。泓盛团队考虑"立足本土"的方针，最终拒绝了用张晓刚作品作为图录封面。泓盛团队的拒绝行为，如果单纯从商业市场上考虑是不合时宜的，因为当年张晓刚的作品在海外市场很受欢迎。2006 年，张晓刚的《血缘同志第 120 号》在纽约苏富比以 97.2 万美元成交，泓盛团队为了坚持自己的方针，坚持走自己的路，在发展过程中宁可放弃部分利益。

泓盛拍卖于 2006 年正式营业，同年 6 月 27 日举行首场《中国油画雕塑》专场（专场编号 W06061）拍卖会，当年上拍的当代艺术内容主要是油画及雕塑作品，拍卖地点在上海希尔顿酒店，首场拍卖会共 183 件拍品，成交总金额是 61576900 元人民币，成交率为 83.06%。这样的成交结果可以说是上海开埠以来中国油画雕塑专场成交金额最高的一场拍卖会。首拍图录封面是陈逸飞的油彩作品《玉堂春暖》，尺寸为 169.5cm×242.5cm，成交金额为 1100 万元人民币，打破了陈逸飞个人国内外的拍卖纪录（该作品于 2017 年北京中国嘉德拍卖以 14950 万元人民币成交，11 年增值 12.6 倍）。该场拍卖的当代艺术家周春芽的油彩作品《山石图》，尺寸为 149cm×129cm，从底价 40 万元人民币起拍，最后以 440 万元人民币成交（该作品于 2018 年北京中国嘉德拍卖以 4370 万元人民币成交，12 年增值 9 倍）。此后周春芽的作品一夜爆红，一直受到买家的追捧。首场拍卖会的成功，奠定了泓盛拍卖公司在上海"立足本土"的基础。

接下来，需要团队具备高度的专业知识，以中国当代艺术发展史为脉络，按照春、秋两季的传统拍卖专场模式，每次专场推出以美术史发展为脉络的主题内容，更具影响力的是，每次专场推出一位中国当代艺术家的作品作为拍卖图录的封面作品，也作为该专场的主打作品。其中比较具有代表性的艺术家封面作品如下：

2006 年秋拍，石冲的油彩作品《物语–水、空气和肖像（五联品）》，尺寸为 66.8cm×50cm×5 幅，成交金额为 335.5 万元人民币，第一次在国内作为拍卖图录封面，打破了石冲个人国内外的拍卖纪录。

2007 年秋拍，尚扬《董其昌计划–5》综合媒材作品，尺寸为 128cm×416cm，成交金额为 397.6 万元人民币，第一次在国内作为拍卖图录封面，打破了尚扬个人国内外的拍卖纪录（该作品于 2014 年在北京的中国嘉德拍卖，以 851 万元人民币成交，7 年增值 1.1 倍）。

2008 年春拍，周春芽的油彩作品《绿狗 No.1》，尺寸为 150cm×120cm，成交金额为 268.8 万元人民币，第一次在国内作为拍卖图录封面。

以上的当代艺术家石冲、尚扬、周春芽的作品都属于第一次上拍卖行的图录封面，也都是第一次破了个人的拍卖纪录，泓盛成功推动了本土艺术家进入市场。

第二阶段是要"与国际接轨"。这主要从拍品内容上体现，选择具备国际背景的当代艺术家作品作为拍卖图录的封面。其中比较具有代表性的艺术家封面作品如下：

2009 年春拍，李山的丙烯作品《阅读（十联画）》，尺寸为 371cm×1030cm，2002 年创作，成交金额为 2350 万元人民币，第一次在国内作为拍卖图录封面，打破了李山个人国内外的拍卖纪录。

2009 年秋拍，展望的不锈钢作品《假山石 108 号（1/4）》，尺寸为 178cm×158cm×78cm/台座（Table）78cm×65cm×184cm，2006 年创作，成交金额为 179.2 万元人民币，第一次在国内作为拍卖图录封面，打破了展望个人国内外的拍卖纪录。

2010 年春拍，徐冰的水墨纸本作品《新英文书法》，尺寸为 69cm×775cm，2007 年创作，成交金额为 241.5 万元人民币，第一次在国内作为拍卖图录封面，打破了徐冰个人国内外的拍卖纪录。

2010 年秋拍，孙良的油彩作品《最后的诱惑》，尺寸为 180cm×120cm，

1990 年创作，成交金额为 322 万元人民币，第一次在国内作为拍卖图录封面，打破了孙良个人国内外的拍卖纪录。

2011 年春拍，丁乙的丙烯作品《十示系列 93 - 11》，尺寸为 140cm × 160cm，1993 年创作，成交金额为 327.75 万元人民币，第一次在国内作为拍卖图录封面，打破了丁乙个人国内外的拍卖纪录。

第二阶段推出的当代艺术家李山、孙良、丁乙等首次代表中国当代艺术家于 1993 年参加威尼斯双联展，被国际藏家认识。徐冰于 1990 年移居纽约，他的作品很早就被海外的公立及私立机构收藏。推出以上艺术家的目的是希望引起海外藏家的注意，其中首次作为泓盛图录封面的徐冰的作品《新英文书法》最终被国外藏家收藏。

第三阶段是建立"话语权"。此话语权是针对传统拍卖内容，超越传统拍卖内容，重新界定上拍的艺术内容，以及价格的评估与拟定。其中比较具有代表性的艺术家封面作品如下：

2012 年泓盛春季当代艺术专场做了一个大胆的尝试，将徐冰的展览项目《地书 2003-2012 年》作为整体以一项拍卖标的进行打包拍卖。《地书》项目是艺术家徐冰自 2003 年起持续进行的一个艺术项目。他从 1999 年开始收集了一些以识图方式来设计的机场及航空公司的说明书，而在 2003 年起开始系统地收集、整理在世界各地被普遍使用的标识、图形、网络图标，并研究数学、化学、制图等各专业领域的交流符号，将其作词性、类别、表述可能性的整理和归类，找出人们对同类符号的共识之处。他试图创造出一种不分文化背景和教育程度，只要是被卷入当代生活方式的人都能读懂的"标识文字"。经过长达十年的项目进行过程后，《地书》项目已包括了出版书籍、版画、字库软件、动画、装置、场景再现、概念店等，以各种不同的表现方式及艺术形态来完成艺术家的"普天同文"的理想。《地书》所涵盖的意义已经超出了"艺术"的范畴，最终以 750 万元人民币成交。上拍《地书》这样的大型艺术项目在国内及全球艺术市场尚属首次，突破了国内外拍卖行的拍品内容。泓盛代表中国拍卖行做这样的事情，就涉及话语权的建立，同时也是一项"创新"

的拍卖内容。

为了建立话语权，泓盛团队再接再厉，大胆尝试上拍大型装置、雕塑等项目。2013 年推出艺术家毛同强的大型装置《地契》。《地契》是由 1300 余件各个时期的"地契"组成的大型装置作品，耗时三年多完成。在《地契》中涵盖了清末民国初年、中华人民共和国成立前后、改革开放后等重要时期的地契。《地契》作为经典现成物作品，它的内容深度和语言转换的创造性，被栗宪庭誉为"是近十年甚至是近三十年中国当代艺术史中最重要的作品之一"，最终以 552 万元人民币成交。

2014 年推出焦兴涛持续十年来创作的大型装置系列"真实的赝品"，艺术家突破传统雕塑的语汇，拓展新具象雕塑的表现力，消解雕塑与装置的既有边界，探索雕塑更观念化的表达，最终以 368 万元人民币成交。

2013 年，泓盛创新性地组织了首届拍卖双年展，其中囊括了林林总总的当代艺术，以另外一种形式来支持当代艺术的市场发展。泓盛在当年就认为，未来的当代艺术不只包含油画雕塑门类，也应该包括观念艺术、行为艺术等艺术形式，而这些作品目前有很多都没有走进市场。泓盛团队尝试推广这些作品，以突破传统的交易模式及收藏内容。

直到 2014 年，泓盛拍卖虽然仍以传统的春秋两季的方式进行，但所推出的拍卖内容已具备前瞻性，在拍卖模式上也不断创新。

泓盛团队投下的第一个"十年计划"，通过坚持不懈的努力与大胆尝试，推出许多中国当代艺术家的代表性作品。更重要的是，泓盛坚持艺术市场必须以学术为基础，以美术发展史为脉络规划拍卖专场的核心内容，以每季拍卖会的主题实现、实践学术与商业并行，每年都有新的探索和尝试。2006 年秋拍做了双年展专题。2007 年春拍新增了抽象专题。2008 年春拍，以栗宪庭策划、蔡斯民筹办的《红与灰》展览为背景，推出《红与灰》专题拍卖。2008 年秋拍充分挖掘新锐艺术，着力开发国际艺术品，增加了"国际艺向"板块。2009 年泓盛秋拍首次引入行为及观念艺术作品。2010 年开始正式将当代艺术和油画雕塑划分为两个专场。在当代艺术专场中，通过对艺术史的全面梳理，泓盛特别推出了"东方哲思""星星美展""湖北波普""新具象群""1989年中国现代艺术大展""20世纪末上海的激进艺术"等专题,其中涵盖了一批极具文献历史价值的摄影录像作品。2010年适逢林风眠先生诞辰110周年,泓盛怀揣着对前辈艺术家的崇敬,特别推出"追忆足迹——林风眠诞辰110周年"专题。2011年泓盛春季拍卖会,隆重推出与延续"东方哲思"大专题(这是中国当代艺术未来发展的重要脉络之一),以艺术创作为轴线,解析中国绘画体系的人文精神,阅读新时代媒介与传统绘画方式的互动。

2012春季拍卖会,泓盛秉承着"一项展览·一件拍品·一段历史·一生收藏"的理念,将拍品从艺术价值、历史价值及文献价值着手归纳整理,分析作品的学术价值及社会价值,定位作品的收藏价值,以专项专拍方式呈现。在当代艺术专场中,倾力推出艺术家徐冰的《地书》项目。此外,在油画雕塑专场中,推出"博物馆级藏品"——中国第一代先驱水彩经典遗珍专场。其中包含了中国第一代水彩画家张眉孙、李咏森、潘思同及雷雨的共520件精品,作品源自资深藏家数十年的收集典藏,不仅品相完好,来源有序,文献档案数据亦非常齐备,同时也是首次出现于艺术市场。在藏家坚持整批作品系统完整性的历史使命的重托下,泓盛将这520件作品作为一个目标整体拍卖,这不仅是一个水彩艺术板块的收藏,更是一段中国现代美术历史的收藏!

2012年秋拍,泓盛推出中国乡土写实主义代表罗中立各个时期的五幅油画代表作,藏家竞拍踊跃。此外,泓盛推出"杭州国立艺专""林达川百年艺术纪念"等重要板块。在市场慢慢回归到理性、成熟状态的情况下,泓盛一贯秉承的历史性、学术性和前瞻性的征集思路得到了广大藏家的认可。最终,泓盛创公司:让公司能在行业立足;创市场:特别是上过泓盛拍卖图录封面的艺术家,他们的作品都纷纷成为全国各地拍卖行核心的拍卖内容。事实上,十年的泓盛拍卖就是中国当代艺术市场发展的缩影。

此外,第一段十年历程的泓盛本身属于二级市场,然而团队却同时肩负一级市场的任务。西方艺术市场强调一级市场与二级市场必须有区别,一级市场以画廊为代表,二级市场以拍卖行为代表,一般是艺术家先通过一级市场的画廊代理销售作品，之后才到二级市场拍卖行进行拍卖。但是在中国，艺术市场却有着自己特殊的民情，十多年前，艺术品在国内一级市场及二级市场基本上是同时进行的，无法清楚地进行界定。当年，即使面向全国，能符合国标惯例进行经营的画廊也甚少，经营当代艺术的机构更是屈指可数。拍卖行无论是从资金的投入还是宣传的力度都比画廊大，所以当年泓盛团队同时扮演了一级市场及二级市场的角色。团队一方面需要对买家做推广教育的工作，另一方面需要再通过一场场的拍卖会培养本地买家。每次图录的选写及编辑工作要做到非常详细及专业，当年聘用的从业人员都是艺术专科毕业的研究生。直到今天，都有客户说："他们学习中国当代艺术是从泓盛的拍卖图录开始的。"十多年前因为缺乏一级市场，所以泓盛就与艺术家工作室及艺术家家属合作，大部分拍卖图录封面作品由他们委托拍卖。直接实行与艺术家工作室及艺术家家属进行合作共创，这个环节有别于西方传统艺术市场规范。

二、第二段历程：多元共创——创关系、创拍品

完成泓盛拍卖十年规划后，国内的画廊业纷纷成立，国内慢慢形成一级市场，而代表二级市场的拍卖行又纷纷开设当代艺术的油画雕塑专场，同业的竞争很激烈。到2015年泓盛拍卖进入第二个时期，持续面对两大问题及挑战：一是十年后如何持续发展？至2015年踏进第十个年头，其间经历了两次全球金融危机。因为金融危机的影响，中国当代艺术市场开始走下坡路，促使泓盛团队必须要思考如何继续经营下去，对外寻找拍卖合作资源，成为第一要务。二是如何挖掘及深化项目？2015年12月，泓盛拍卖正式推出了"泓盛空间"。"泓盛空间"是面向高端、高质量、开放型艺术收藏市场的多功能平台，汇集展览、拍卖、私人洽购、讲座、出版、艺术沙龙、品牌合作等丰富多元的文化活动。

而自2012年开始，泓盛就秉承着"一项展览·一件拍品·一段历史·一生收藏"的理念，将拍品从艺术、历史及文献等方面着手归纳整理，分析拍

品的学术价值、社会价值及经济价值，从而定位拍品的收藏价值，开始尝试以专项专拍方式呈现。因此自"泓盛空间"成立以来，所推出的艺术项目都是更清晰地以近百年艺术档案为基础，以学术化、项目化为目标，根据艺术史的发展脉络，深度挖掘中国近现代与当代艺术的经典个案。

"泓盛空间"的第一个艺术项目是与上海油画雕塑院联合共创的"时代记忆——上海油画雕塑院建院 50 周年专题雕塑展"项目。此项目特别之处是，首次与政府非营利机构共同合作，深度挖掘非营利机构独具历史价值的内容，以此作为拍卖会的拍品内容。泓盛与上海油画雕塑院两个团队是学术与市场的结合，通过定期的讨论、组织作品、规划展览、出版专业图书、筹办学术研讨会、组织拍卖会预览等活动，于 2016 年 1 月 31 日下午 3 点举行了"时代记忆——上海油画雕塑院建院 50 周年专题雕塑展"专场拍卖会。最终整体项目以 1127 万元人民币成交，生动诠释了"一项展览·一件拍品·一段历史·一生收藏"的理念。本案例最大的特色是从最初只有几张照片留下来的"井山星火"群雕，进行梳理，复原作品，扩大了拍卖内容，共同"无中生有"地创造了拍品、创造了市场、创造了价值[3]。此外，整体项目 42 件作品实行不打散，以"一个标的"的方式进行拍卖，即一个专场就是一个拍卖目标，在实务经验上成功地交易了"一段历史"及"一项展览"，突破了传统的拍卖内容从交易"一件现成物"到交易"一段历史"，也考验着泓盛团队去思考及挑战如何从无人、无物、无市场的情况下开拓业务。

接着，2016 年"泓盛空间"持续秉承"一项展览·一件拍品·一段历史·一生收藏"的理念，首次与上海自贸区国际艺术品交易中心合作，推出"悯伤的史诗——程丛林作品大型项目"展览。该展览于 2016 年 8 月 5 日下午 2 点在上海自贸区国际艺术品交易中心森林国际展厅和泓盛空间拉开帷幕，展现近年来中国当代艺术最蔚为壮观的史诗级视觉盛宴。项目整体呈现程丛林这位"伤痕美术"的代表艺术家毕生创作之精华，油画加素描手稿共计 200 余件（244 件）。其中代表其确立艺术自我界标的《华工船》与超大型史诗级长卷《大地史诗——迎亲的人们、送葬的人们》，可以说是关注"伤痕美术"和四川画派的藏家所无法绕过的里程碑式的作品。此程丛林作品大型项目估价1.58亿元人民币，算是中国境内最大宗、最高估价的当代艺术项目。

同年，"泓盛空间"与上海自贸区国际艺术品交易中心再次合作，推出"20世纪名家艺术系列"首展——"潘思同精品特展"，呈现潘思同各时期的经典水彩佳作。作品数量达到400余件，其中不仅集结了潘思同毕生的水彩精华，还有其亲绘的教学手稿与授徒范例，是近数十年来这位中国第一代先驱水彩画家最重要、最全面的一次作品呈现。全部作品通过举办展览、出版专业图书、开研讨会，最后选择75件精品举行了一场拍卖会，最终400余件作品全部成交。

"泓盛空间"自开幕以来，举办和支持了多个重要艺术类展览活动，如"沧浪画展"36周年回顾展，"内在风景——罗中立、周春芽、袁庆作品展"，"苍穹之韵刘国松水墨艺术展"，"凄美如诗，幽寂如歌——何多苓《雪雁》的艺术伤怀展"，肖鲁"洗钱"作品展，"悯伤的史诗——程丛林作品大型项目"，"20世纪名家艺术系列——潘思同精品特展"，毛同强大型装置艺术"三部曲"《工具》《地契》《经书》，"20世纪名家艺术系列展——李咏森，冉熙·樊明体·沈绍伦·王碧梧·陆敏荪"，"20世纪名家艺术系列展——周碧初作品与文献展"，"红色经典系列——国庆庆典"，"贾科梅蒂专案"等。

泓盛拍卖进入第二时期是从成立"泓盛空间"开始的，"泓盛空间"拥有综合拍卖、展览销售、私人定制等多元的交易模式。在实务经验上，它的每个项目都是深度地挖掘历史资源，为拍卖会创拍品。此外，还有创关系，即创立与多方的合作共创关系：与非营利机构上海油画雕塑院建立合作共创关系[4]，以及与国家企业上海自贸区国际艺术品交易中心建立交易伙伴关系等。这些都是"创举"，因为之前从来没有发生过这样的合作共创关系。

三、第三段历程：跨界共创——创品牌、创商模

2017年至今，泓盛当代艺术、油画雕塑专场陆续推出潮流与经典板块，

此板块受到广大年轻藏家的青睐。近年来，泓盛同时推出泓盛小程序及网拍平台，包括首次与"一条"合作共创，希望推出更多元化的拍品，以更便捷的竞拍方式更好地服务于藏家。

2022 年，泓盛本着"艺术至上"的宗旨持续创新，以中国文化为内涵，计划实现跨界/国潮/非遗/本地品牌合作共创，以拍卖会及博览会的模式，结合一级与二级市场，将携手相关专业人士结合元宇宙和 NFT 推出高品质的项目；以"至上主义"的理念引领前卫精神，开创艺术产业新模式，以期达到共创、共享、共赢的目标[5]。此项目计划在上海一年举办一次，结合上海作为国际超级都会的特质，将"立足上海，面向全国，放眼世界"作为努力方向。泓盛于 2022 年进入第三段历程，将持续面对两大问题及挑战：一是如何善用自身的优势进行跨界共创？二是如何"立足上海，面向全国，放眼世界"建立新的商业模式？

艺术至上，共创至上，未来可期！

四、总结

泓盛拍卖在推动中国当代艺术十七年的过程中，成功举办了 50 多场拍卖会，出版了 50 多本拍卖图录，上拍 6500 多件作品，经手 800 多名艺术家。目前为止，泓盛拍卖是上海唯一的一家经营当代艺术拍卖并踏入第十七年的公司，因此被评为上海"5A"企业。笔者认为，泓盛拍卖是可以作为中国当代艺术市场发展历程的研究案例。泓盛拍卖自 2006 年成立以来，拥有资深的专家团队，为客户提供高质量的专业服务，在行业间建立了优质的品牌。此外，泓盛团队经过十多年的不断磨炼，积累了宝贵的经验，拥有近百年艺术品的"鉴定"能力，能负责任地为客户把关拍品。未来的泓盛团队将仍然坚持脚踏实地，在稳健中寻求创新，突破传统拍卖模式，以前瞻性的远见，继续挖掘艺术收藏新领域，协助藏家建立收藏新观念，拓展具有时代性的新收藏体系。

参考文献

［1］高名潞. 中国当代艺术史［J］. 艺术评论，2021（10）：161.

［2］吕澎. 中国当代艺术史［M］. 上海：上海人民出版社，2014.

［3］萧瑞麟，欧素华，吴彦宽. 逆势拼凑：化资源制约为创新来源［J］. 中山管理评论，2017，25（1）：219-268.

［4］杜鹏，李庆芳，张容榕. 共享而共创价值：探讨 Xbed 酒店借平台创新服务之机制［J］. 组织与管理，2020，13（2）：103-147.

［5］Menghwar P S，Daood A. Creating shared value：A systematic review, synthesis and integrative perspective［J］. International Journal of Management Reviews，2021，23（4）：466-485.

The Development of Chinese Contemporary Art Market: A Case Study of Hosane Auction Company

Peishao Sun, Qingfang Li, Minghong Xie

Abstract：Peishao Sun joined Shanghai Hosane Auction in 2006 as deputy general manager. Under her leadership, Hosane's contemporary art auction Often emerge with new ideas, and embodies the tendency of both commercial and academic progress. As the earliest Chinese contemporary art auction company in Shanghai, Hosane has suffered ups and downs in contemporary art auction, and also reflected the development and changes of contemporary art industry. Hosane has been running for 17 years, and its development may be divided into three phases according to transaction mode, value proposition, and main partners. In Phase 1, Hosane has launched a ten-year plan for the market to complete the goal of localization, internationalization, and discourse building. Taking the traditional auction in spring and autumn as the trading mode. And finally, creating the co-creation through auction, which refers to the establishment of both company and market. In Phase 2, Hosane Space, adhering to the concept of "one exhibition, one piece of auction, one history, whole-life collection", aims to explore the cases of modern and contemporary Chinese art. By combining the auction and exhibition sales, finally, creating the Co-creation of Multiple Forms (establishing relationships and types of collections). In Phase 3, Hosane takes cross-border cooperation with the direction of "footing in Shanghai, facing the whole country and looking around the world". Uniting specialists to seek innovation and expand the new collection system. Finally, creating the co-creation of cross-border model, which refers to the establishment of both the brand and business model.

Key words: Chinese contemporary art; Art market; Auction; Co-creation

宋代生活美学的挖掘与传承

◎ 张静娜[*]

摘要： 宋代文化具有兼容精神、创新思想、经世理念、理性态度、民族意识等特点，在中国文化史上有承上启下、继往开来的历史地位。宋代提供了一些新颖的审美形式和形态。宋代生活美学，以琴、棋、书、画、诗、香、茶为表现形式的文化生活内容，具有广泛的群众基础，阐释了艺术源于生活。宋代美学是中国古典美学发展史上的高峰。

关键词： 宋代文化；生活美学；传承

文化自信是一个国家发展进步的不竭源泉，是一个民族最动人的精神底色。党的十八大以来，习近平总书记多次强调要传承和弘扬中华优秀传统文化，中国特色社会主义植根于中华文化沃土。宋代作为中国古代社会文化发展的极盛时期，宋代文化具有兼容精神、创新思想、经世理念、理性态度、民族意识等时代特点，文人天地，市井繁荣，呈现出内省、精致的文化倾向，在中国文化史上有承上启下、继往开来的历史地位。直到今天，宋扇、宋词、宋瓷、宋茶、宋琴、宋代家具、宋代建筑等，依然向世人展示其独特魅力。如何在这些宝藏中挖掘出具有典型风貌的同时符合我们当代社会发展的历史特点，

* 张静娜，宋扇品牌创始人，电子邮箱：cai96@ qq. com。

从而带动整个社会回归天真与朴素，创造更美丽与和谐的社会，是本文的研究目的。"与时俱进，不忘初心"为当今正在动荡之中的世界带来光彩，这份虔诚、谦恭与欢喜，足以带领我们找寻到艺术的真谛，而不被技术所困顿。

一、什么是宋代生活美学

"自秦以下，文莫盛于宋"。宋朝是个群星荟萃的朝代，中国文化至此更趋精深成熟。宋代处在社会结构的重大变革时期，商品经济高度发展，城市经济地位得以提高，其商品贸易不同于唐代有规定时间、固定场所，而是夜以继日、无有定所。《东京梦华录》载北宋汴京"夜市直至三更尽，才五更又复开张。如要闹去处，通晓不绝"，即使地处远静之所，"冬月虽大风雪阴雨，亦有夜市"。《都城纪胜》记南宋临安，也是如此，"坊巷市井，买卖关扑，酒楼歌馆，直至四鼓后方静，而五鼓朝马将动，其有趁卖早市者，复起开张，无论四时皆然"。都市繁华走向世俗化，市民文艺得到孕育。

宋代的文人不仅擅长诗词歌赋，还精通绘画、音乐、书法，成就斐然。宋朝的文人除了是学者以外，生活中的他们也很悠闲、很潇洒，最重要的是他们有独特的生活品位。他们在面对权利和财富时，可以做到不贪婪，因为他们心中有一片属于自己的山水，他们很自信，他们知道自己的生命比权力和财富有更高的价值，就连宋徽宗这样的皇帝，也认为心中的山水比权力更重要。而那时的雅集，是一个人展示自己品性和品行最好的场合，宋朝文人的品行和喜好，造就了中国文化的顶峰之态。休闲是审美走向生活的契机，而审美则是休闲的最高境界。休闲较之审美，更切入人的直接生存领域，使审美境界普遍地指向现实生活。宋代士人生存的特殊环境使宋代的艺术审美走向精致化的同时也越来越贴近日常生活，艺术和生活的充分接近与融合逐渐成为宋代的审美风尚。

美学切入生活，生活走向审美，这种艺术的生活化直接促成了宋代美学的表现方式，反过来说，宋代美学之所以能够多样化发展，并达到古代美学又一次顶峰，很大程度也归因于宋代社会生活中所普遍形成的轻松适逸的文化氛围。宋代士人所谓的"玩"与其说是一种玩赏的行为、动作，不如说更强调了玩赏过程中那种从容不迫、优容潇洒而又追求一种高雅理趣的心态，它是随兴而发、兴趣盎然、摒弃外务、沉淀心情而又精神高度集中的一种心境。宋代艺术的生活化及生活的艺术化现象构成了宋代生活美学，并将中国古代的休闲审美文化推向了高潮，是有生命力、可古为今用、放之四海而皆准的一种生活方式。宋代美学更是有属于自己时代的审美理想、审美形态、审美话语、审美精神，人文建构得成熟深邃，艺术表现得精致典雅。人们几乎可以从宋代寻找到所有的通俗性审美意识和审美形式。勾栏瓦肆的出现、百戏艺术的繁荣，对中国美学史的发展产生了不可估量的影响，影响了审美的观念、形态和趋向。柳永词、话本小说和市肆风俗画便是其代表，绘画长卷《清明上河图》中所散发的是世俗市民热腾腾的气息，没有贵族味。宋代生活美学是在从一个现实的角度提示国人，在普遍解决了温饱问题之后，可以更多地去追求生活情趣之美，而非财富的积累。

二、宋代生活美学的时代特征

说到宋代美学文化的精髓，我们可以用以下几个关键词来描述：

（一）简单而平淡

古代美学，到宋代达到最高，对于艺术品追求绝对单纯，就是圆、方、素色、质感的单纯。宋朝人用墨画画、烧单色釉瓷器，与瑰丽缤纷的唐三彩不同的是，宋瓷在花花绿绿中提出素朴风格，显得淡雅净洁，官瓷、哥瓷、钧瓷均体现了这一审美总体特征。比如宋汝窑天青无纹水仙盆，做到那么素，雾面、亮面都不亮，却很美，没有一点花边、没有一点火气，完全不贪图表现的欲望。

宋朝的文人很喜欢喝茶，茶就很简单，就是水加上植物的嫩芽，再加上最精美的瓷器，这些就够了。由唐入宋的最重要改变是人的文化心态，在审美意象上不再是长河落日、匹马单弓，而是庭院深深、飞红落英。

米芾所作《西园雅集图记》记录了苏轼、黄庭坚、秦观等人雅集的情景，称"人间清旷之乐，不过于此""汹涌于名利之域而不知退者，岂易得此"。这一经过敛缩了的社会现象和心理状态，便凝定为一个独特的审美概念——"平淡"，这几乎成为宋代标志性的审美理想和审美标准。梅尧臣《读邵不疑学士诗卷》写道："作诗无古今，惟造平淡难"，欧阳修《六一诗话》写道："以深远闲淡为意"。"平淡"体现了宋人审美的基本态度和格调。

（二）精致而轻松

所谓精致，可谓精到极致，宋代政治的宽松、经济的繁荣、城市的勃兴、自然道趣和禅悦之风的流行，为宋代文化的繁荣提供了肥沃的土壤，使宋代成为中国封建社会最早体现较为精致特征的时代。"韵"在宋代被美学界广泛认同和接受，并作为"极致性"审美范畴，得到尊崇，"凡事既尽其美，必有其韵；韵苟不胜，亦亡其美"。"韵"与美相连，"韵"存则美在，"韵"失则美亡。"韵"又"尽美"，是最高层次的美，"韵"在审美内涵上正是前述的"逸"。"韵味"与"逸气"相通相合。黄庭坚在《题东坡字后》道："东坡简札，字形温润，无一点俗气……笔圆而韵胜"。所谓"无一点俗气"正是"逸气"，于是有"韵"便是精致。"韵"风行于宋代文化和审美领域，成为对明代中后期美学最具影响力的范畴。宋代美学一改唐代美学顶天立地式的自我张扬与境界拓取，从自然、社会的外在形象的开掘写照转而进入一种生活理趣与生命情趣的内在体验品位。在宋人的艺术表现领域，日常生活的题材及对个体生命意趣的表现越来越明显，艺术轻松地融进了生活，人生通过艺术而得到了雅致化。

以张择端《清明上河图》为例，他在5米多长的画卷上展现了清明时节首都汴京东南城内外的热闹情景，反映了都市形形色色、各行各业人物的劳动和生活，以及各种各样、丰富多彩的市井文艺场景。市井风情，瓦肆风韵，一一栩栩如生地呈现。市井俚俗的下里巴人之调，已与文人士大夫的阳春白雪之曲分庭抗礼，并呈现出酣畅淋漓的市井美学风采。

（三） 创新而超逸

宋代美学较之唐代美学表现为摆脱前代，进而自立、发展的过程，北宋美学及其发展历程经历了初宋、中宋、晚宋三个时期，分别代表了三个美学阶段：唐韵浸染期、宋调形成期、宋调鼎盛期，体现出宋代审美精神、思潮、特征、形态的变化，印下了宋代美学史的发展路线图。宋代提供了一些新颖的审美形式和形态。诸如鼓子词、诸宫调、讲史、说经、杂剧、南戏、话本、风俗画等，词完全成熟，成为标准化形态。宋代的体育，已进入美学领域，无论北宋，还是南宋，均极兴盛，特别是水上体育运动，当时已成为人们的审美观照对象。《东京梦华录》对北宋汴京金明池竞渡的描述，《武林旧事》对南宋钱塘江弄潮儿弄潮（比现今的冲浪运动更惊绝）的描述，都体现了两宋体育美学的水平和成就。而作为美学门类之一的绘画有以金明池竞渡为审美描绘对象的，绘有《清明上河图》的张择端又绘有《西湖争标图》（金明池又名西湖，因在汴河之西，故得此称），系院体画，有着画者的一贯审美特色，工笔细绘，具有全景式特点，金明池的景观一一毕现，配以密集的人物，简直是须发毕露，画家以自己所独有的绘画语言进行了审美表述。在服饰美学上，宋代也有其别致新样之所在。例如，立春时节，妇女剪彩为花、蝶、燕，插于鬓上，名叫春幡，又名幡胜、彩胜。辛弃疾《汉宫春·立春日》词云："春已归来，看美人头上，袅袅春幡。"《蝶恋花·立春》词云："谁向椒盘簪彩胜？整整韶华，争上春风鬓。"宋的版书，是全世界最珍贵的文化，它的排版印刷方式，是世界上最美的。在拍卖市场，宋版书是按页卖。11世纪宋朝独创的活字排版印刷术，让当时的知识、教育普及，造就了庶民文化，甚至还影响到15世纪德国古腾堡圣经（第一部用活字印刷术印刷的圣经）的印刷。

如果对唐诗、宋词的一些审美形态加以比较，就可以发现，唐诗讲求对仗工整，宋诗则追求超逸唯美。如果对唐、宋人的性格、心理、精神、轮廓比较，可以看出，唐人表现出龙城飞将、醉卧沙场的气魄、气派和气势，宋人则由外部世界逐步敛缩为内心态势。宋人以艺术为本位的价值观有助于促进美学的发育，在气质、性格上，唐人臂苍牵黄，裘马清狂，少年英杰；宋人则红烛夜酒，闲云野鹤，中年绅士。

在审美品位的崇尚上，宋代也较唐代有变化，唐代朱景玄提出神、妙、能、逸四画品，逸品居后，但到宋代却作了根本性调整。黄休复在《益州名画录》里把逸品置于首位，称"画之逸格，最难其俦"，将其重视到无以复加的地步："莫可楷模。"所谓"逸"，就是超越、超逸，超越有形、有限而达于无形、无限。宋代书法"尚意"是对唐代"尚法"的反拨和自身审美的确定，在审美内涵上仍然以"逸"为主体。唐诗粲然大备，宋人似乎难以为继，但宋人自有进取和超越精神，有自己的审美理想和审美追求，从而获得创新性成就。

三、宋代生活美学传承的时代意义

"中国有坚定的道路自信、理论自信、制度自信，其本质是建立在五千多年文明传承基础上的文化自信"[1]。习近平总书记用简洁平实的语言阐明了宏大深刻的道理，饱含深情，意韵深远，直指本源。中华优秀传统文化兼收并蓄、博大精深，其中蕴含的思想观念、人文精神、道德规范等，给了中国人无穷无尽的滋养，深刻影响着当代中国人的精神世界，是我们在世界文化激荡中站稳脚跟的根基。宋代是中国文化艺术的巅峰，实际也是中华文明的巅峰。首先，它是保护文化的一个政治体系；其次，它是以德立国的一个政治思想；最后，它是以德入各种门道的，其实这个德就是道，先有道才有德，所以宋代在这方面做到了对中华文化去其糟粕留其精华，使之变成社会现实，并展现为社会形态。元代的马可波罗在游记中提到：《清明上河图》中东京城中的人民非常自信，每个人都有自己的才艺，而且非常地有礼貌，宋代的先民将华夏文明推到中国历史的最高水平。

宋代周敦颐是一个道学研究家，他写了《爱莲说》。《爱莲说》是在什么样的情景下完成的呢？他说"世人甚爱牡丹"，自唐以来世人皆爱牡丹，陶渊明爱菊，我独爱莲，为什么呢？因为唐代推崇富丽堂皇的东西，权贵喜欢牡丹。陶渊明爱菊，因为菊可以根植于大地，他可以做隐士，他可以自给自足，菊其实就是足的意思，同音，也就说我可以自给自足，与世无争。他独爱莲，莲是什么，是即使在淤泥里也可以保持高洁，这是大家所追求的最高境界，道法自然，厚德载物，平淡天真。很多大臣跟皇帝沟通时，唾沫星弄到宋徽宗脸上，因为宋代不杀文人，所以宋徽宗认真倾听。虽然中国是帝制，但是此种情况下依然做到了人人平等。还应该把"真"字加进去，道法自然，就是平淡天真，平淡指的是人们对物质生活的这种态度很平淡，而且温文尔雅，没有什么可着急的。其实平淡的另外一个理解叫慢生活，人们可以很惬意地感悟自己的生命在流淌，顺其自然。

对历史文化特别是先人传承下来的道德规范，要坚持古为今用、推陈出新，有鉴别地加以对待，有扬弃地予以继承。一定的文化形成于特定的社会环境，但由于文化具有滞后性，因而当社会制度和经济发展的环境发生变化时，传统文化并没有消失，反而是跨阶段地影响与制约社会的现代化进程。因此，我们在尊重传统的基础上，要有选择性地吸收和创造性地综合，用历史和科学的观点来考察中国的传统文化，切实把握和深入理解传统文化的本质内容，弘扬优秀传统文化，并在新的历史条件下，根据现代化的基本精神理念，进行有选择性地、合理地吸收、改造、发展和创新[2]。

"中华文明源远流长，蕴育了中华民族的宝贵精神品格，培育了中国人民的崇高价值追求。自强不息、厚德载物的思想，支撑着中华民族生生不息、薪火相传"[3]。中华民族之所以几千年屹立于世界民族之林，历经磨难，一次次凤凰涅槃，成为人类发展史上的奇观，最根本的原因就是深深植根于民族基因的伟大精神支撑和崇高价值追求。随着中国国力增强，大众的精神文化需求日益旺盛，特别是了解传统文化的热情激增。党的十九大报告中指出，"满足人民过上美好生活的新期待，必须提供丰富的精神食粮"，坚定文化自信，是事关国运兴衰、事关文化安全、事关民族精神独立性的大问题，没有文化自信，不可能写出有骨气、有个性、有神采的作品。观照当下，才是让文物活起来的真正意义所在，以古人之规矩，开自己之生面。我们要坚持不忘本来、面向未来，在继承中转化，在学习中超越，创作更多体现中华文化精髓、反映中国人审美追求、传播当代中国价值观念，又符合世界进步潮流的优秀作品，让我国文艺以鲜明的中国特色、中国风格、中国气派屹立于世，文化自信油然而生，这就是宋代生活美学传承的时代意义。

四、宋代生活美学的传承载体与方式

博大精深，同时又精致超然的宋代生活美学，需要找到合适的载体去传承，其实，小到一叶白茶、一把团扇，大到一个特色场馆、一座仿古庄园、一个主题特色小镇，都可以成为传承文化的载体。那么用什么样的方式可以使其传承更符合时代特征且有效呢？

第一，传承文化要从娃娃抓起。我们可以创立宋代生活美学幼儿园，让孩子们从小就在传统文化的氛围里玩耍，简单地打坐，临摹诗经，他们可以写得很慢，只需要记得中国的文字有多美，让我们的孩子从小就在琴棋书画的宋代场景熏陶下精美雅致地成长，懂礼仪，敢创新，追求精致，获得休闲。从幼儿园，从日常的点点滴滴、言谈举止，从小教育他们不追逐外在的浮夸而注重内在的陶冶与精致。现在的中小学课本中，已经加入了大量的唐诗宋词，很多出国留学的孩子们在国外忘记了曾经学过的课文，而唯独留在他们记忆最深刻的就是唐诗宋词。那是我们文化的血脉，我们如果能把精美的宋词谱成曲，让孩子能唱出来，他们一边唱一边也就记住了，并且历久弥新，永难遗忘。

第二，国家鼓励传统文化进校园、进社区。我们可以在校园里设立宋代生活美学体验馆，在社区、公园或风景区里开辟专区，装饰成宋代生活美学馆，打造宋代美食馆、宋代特色酒店等，比如宋代园林式酒店，客人住进去后可以穿宋代的服饰，洗漱用品、锅碗瓢盆、家具都是宋代的，客人手持宋扇，戴上VR眼镜，可以感觉自己好像穿越了，看到一切都是宋代的。利用投影，让人在科技元素场景里切换，如同电影中一样，播放优美的宋词旋律，给人留下深刻的记忆，就像是真的回到了宋代。同理，还可以打造真实景观的宋代特色小镇，宋文化在每个领域都会玩到极致，一定要把理吃透，然后表现形式就是自然而然的、真情流露的，也是有说服力的，而且节约了沟通成本和教学成本。用这种方式在全民心中播下传承和普及中国顶级传统文化的种子，用艺术的方式将宋代的文化传递到现代人的生活中去。宋代文化的一些精华已经濒临失传，比如说宋词的创作已经很少有人问津并达到很高造诣了，那么宋词是怎么做的呢？当然我们已经没有当时的社会环境，作词的方法也濒临失传，传承文化首先要还原，在还原基础上我们才可能继续去创新和发扬。而创作的关键是场景还原，让人首先来到那个环境他能感受某种氛围，需要一个场景来支撑，雅集其实是在中国传统文化中非常浓缩的容易创造即兴大作的场景，这种雅集的形式是非常值得提倡的。曾经与一些对宋词研究感兴趣的朋友一起参与了一次雅集，堪称经典。我们宋词研究中心副主任张振海先生（80后）即兴创作了宋词，后来宋词乐舞研究会名誉会长，姚昆宏教授，即兴配曲，现场一个演奏家即兴吹箫，还有即兴团扇舞翩然入池。这种即兴的雅集不可复制，再来也不会有，这次组合在我心目中是最精彩的一次雅集。民国时期有很多大师常这样玩，但近代以后就不再普遍了，我们应该让更多人了解雅集这种形式的中华文明，将"琴棋书画，诗酒茶花香"等中国元素一一植入，把每一个雅的事务，在理论上夯实。

第三，雅集可以与国际接轨。雅集跟西方的私人 Party 很像，很多艺术家在聚会上即兴地跳舞、唱歌、吟诵、绘画等，其实国与国之间、民与民之间应该有一个道法自然的沟通方式，雅集需要雅人，雅人需要雅量，与不同国家的艺术家坐而论道，碰撞出精彩艺术，促进人与人、国与国之间文化交流。这些文明让子孙万代取之不尽用之不竭，是人类的共同财富，它的兼容精神、创新精神和物以载道，也将以内外兼修的美感，引领更多信息化时代唯美不破的国际人士走进传统文化。

第四，我们应该推动主流媒体担起弘扬中华优秀传统文化的重任。要充分发挥平台优势，舍得拿出黄金版面、黄金时段、黄金栏目，把最优秀、最精彩、最关注的文化食粮呈献出来，让读者、观众、听众了解历史、汲取知识，饱餐优秀文化盛宴，接受优秀文化洗礼。传承优秀的宋代文化，媒体要善于引导、善于创新。通过寓教于乐、寓文于娱的形式，让优秀文化充分展示在版面、画面、声音、文字中，像空气一样浸润人们的肺腑，净化人们的精神家园。对于主流媒体而言，传承优秀文化既是一种责任担当，也是一种舆论"亮剑"。每一位媒体人都要自觉以社会主义核心价值观为指导，激浊扬清，坚守精神家园，大力弘扬优秀传统文化，真正使照耀中华数千年的文明之光在中华大地熠熠生辉、发扬光大。只有不断提高自己国家的文化价值核心，克服发展中的阻力，才能保证中国文化的发展传承。

在我国，宋代文化遗址丰富，宋代文化艺术名人众多，分布于各省，具有广阔的开发空间。而宋代生活美学，以及以琴棋书画诗香茶为表现形式的文化生活内容，具有广泛的群众基础，将艺术融于生活，阐释艺术源于生活，对于任何时代都非常适用，特别是当下，新冠肺炎疫情的暴发正在也将深远地改变人类的生活方式。宋文化可以提升全民文化品位，从根本上治愈不良社会心理，提升人民幸福值，同时也促进中外文化交流，提升国家形象。宋文化的知识普及和场景体验，实际上是提倡一种艺术化生活方式，对于整个社会，可以起到彰显个人才华、激发人民创造力、节约社会财富、美化生活环境、促进身心健康的作用。从某种意义上说，宋代也是人类文明史中最具大众创新精神的时代。宋文化的挖掘和发扬，对于国家经济发展、人民身心健康、社会繁荣稳定有保驾护航的作用，同时也是世界文明走向新篇章的有益借鉴与先导，宋代生活美学，立足于中国传统文化的挖掘与传承，将美立中国，善举天下。

"文化自信是一个国家、一个民族发展中更基本、更深沉、更持久的力量"。习近平总书记在国内外诸多重要场合屡屡提出"要系统梳理传统文化资源，让收藏在禁宫里的文物、陈列在广阔大地上的遗产、书写在古籍里的文字都活起来，使中华优秀传统文化成为涵养社会主义核心价值观的重要源泉，努力建设社会主义文化强国"等文化发展理念[4]。宋代文化作为中国乃至人类历史上的文化巅峰，宋代生活美学的传承与发展必定成为彰显国人文化自信的典范。

参考文献

［1］赵银. 文化自信——习近平提出的时代课题［J］. 四川戏剧，2016（8）：2.

［2］燕飞，郭凤凤. 传承弘扬中华优秀传统文化的价值意蕴及实现路径探究［J］. 汉字文化，2022（2）：163-178.

［3］彭勃. 传承红色精神［J］. 党史文苑，2015（24）：7-8.

［4］张毅，袁新文，张贺，等. 保护好中华民族精神生生不息的根脉［N］. 人民日报，2022-03-20（001）.

The Excavation and Inheritance of Life Aesthetics of Song Dynasty

Jingna Zhang

Abstract：The culture of Song Dynasty has features of compatible spirit, innovative thinking, economic concept, rational attitude, national consciousness, etc. , and has a historical position of linking the past and the future in the history of Chinese culture. The Song Dynasty provided some novel aesthetic forms and shapes. The life aesthetics of the Song Dynasty, which is the content of cultural life that takes the form of piano, chess, calligraphy, painting, poetry, incense, and tea, has a broad mass base and explains that art derives from life. The aesthetics of Song Dynasty is the peak of the development history of Ancient Chinese aesthetics.

Key words：The culture of Song Dynasty；Life aesthetics；Inheritance

创意管理评论 · 第7卷
CREATIVE MANAGEMENT REVIEW, Volume 7

管理科学创新

Management Science Innovation

品牌象征价值对消费者溢价支付意愿的影响研究

——自我概念一致性的调节作用

◎ 周敏琳　肖　阳　柯玉珍*

摘要： 本文从四个维度将品牌象征价值划分为炫耀性价值、社会自我表达价值、内在自我表达价值和享乐价值。应用结构方程模型检验得出，品牌象征价值的炫耀性价值、社会自我表达价值、内在自我表达价值和享乐价值正向影响顾客溢价支付意愿。自我概念一致性在品牌象征价值与顾客溢价支付意愿之间起着正向调节作用。基于实证结果，本文为企业打造品牌象征价值、提供品牌创意管理，以及提高顾客溢价支付意愿提出相关建议。

关键词： 品牌象征价值；溢价支付意愿；创意管理；自我概念一致性

---

   * 周敏琳，闽江学院经济与管理学院思政辅导员（福州 350108；420451384@ qq. com）；肖阳，福州大学经济与管理学院教授（福州 350108；218272@ qq. com）；柯玉珍，福建开放大觉文经学院专任教师（福州 350002；348836654@ qq. com）。

一、引言

科技变化带来的产品同质化现象越来越严重。此情此景下，随着对品牌理论的深入研究，企业逐渐发现品牌的重要性。如今，企业家试图构建具有核心竞争力和竞争优势的利器。拥有良好品牌的企业在市场竞争中的优势越发突出。

从需求侧视角来看，随着国民经济的快速发展和人们对美好生活的日益向往，品牌在人们日常生活中扮演着越发重要的角色[1]。对消费者而言，品牌代表着更好的品质、更高的使用价值，甚至在特定的情境中还会是一类群体、个性、身份的象征[2]。从供给侧视角来看，激烈的市场竞争与快速的技术扩散使产品同质化现象日益明显，产品的使用价值给企业带来的竞争优势与丰厚回报大不如前[3][4][5]。因此，深入研究品牌象征价值、对设计品牌创意管理进行研究能补充设计品牌创意管理的知识的不足，为创意实践活动提供参考。

此外，学术研究者对消费行为进行深入研究发现，消费者的购买行为不仅会受到产品使用价值的影响[6]，也会受到消费者自我概念与产品一致性的契合程度的影响。在现实的购物行为中，消费者会情不自禁地将产品或品牌个性与自己的个性进行比较，会青睐那些与自我概念较为匹配的产品[7][8]。

基于这样的背景，本文探讨品牌象征价值对消费者溢价支付意愿的影响研究。通过研究两者之间的关系，加入顾客自我概念一致性作为调节变量，加入代际差异作为控制变量，为品牌象征价值建设与创意管理提供参考，增强设计品牌竞争力，矫正设计品牌管理者对创意人才的管理方式，为提高顾客溢价购买行为提供指导意义[9]。

二、概念界定与研究假设

（一）品牌象征价值内涵及维度

当品牌拥有了良好的象征性意义并被消费者所熟知认可，品牌就具有了象征价值。消费者渴望借助品牌展示其尊贵地位、非凡身份、自我个性社交需求或独特情感。

Leibenstein（1950）[10] 认为，消费者不仅以购买产品功能价值为目的进行消费，他们还渴望获得声望地位、满足从众心理等外部效应，而这些外部效应体现出的象征意义是一种消费者的炫耀性情感。Sheth & Newman（1991）[11] 认为，品牌象征价值表现出的是消费者的内在自我表达和社会自我表达。消费者通过消费可以获得产品的社会关系、情景情感等价值，具体表现为：在个体自我特征方面，品牌能够表现其拥有者的个人年龄、性别、价值理念、生活习惯；在社会自我特征方面，品牌则能够体现其拥有者的社会圈层、权力需要和所属的社会群体。此外，消费者可能会从购买奢侈品牌中寻求身体或感官上的愉悦与满足感，在寻求自我满足的快感时，其购买目的与取悦同龄人或社会群体无关。

基于此，本文将品牌象征价值划分为四大类，分别是炫耀性价值、社会自我表达价值、内在自我表达价值、享乐价值。

（二）自我概念一致性内涵及维度

自我概念一致性主要指的是自我概念及品牌个性二者之间的契合程度。基于此，本文从自我概念的划分标准出发对自我概念的一致性维度进行区分。本文认为，自我概念主要包含理想自我和真实自我两部分。相对地，自我概念一致性也有两种划分方式，分别为理想自我与品牌个性之间的一致和现实自我与品牌个性之间的一致。

（三）溢价支付意愿

支付意愿指产品购买者在购买产品时愿意交付的价格。从价格角度来看，支付意愿体现了顾客对服务水平的满意程度与价格的满意程度。因此，本文将溢价支付意愿定义为：相较于同等数目、同等质量水平的品牌，消费者乐意为某些品牌产品在其实际价钱以上所支付的附加费用。

（四）研究假设

炫耀性价值反映的是个体希望通过消费表达其财力、能力，以及谋求某种社会地位的动机。邓晓辉、戴俐秋[12] 在其综述中指出，消费者为达到显露财富的目的，会为具有相同使用价值的商品付出更高的价格。品牌的象征性价值使消费者实现了提升自己的社会地位、强化自身名望或是展示自身经济实力。因此，基于炫耀性价值对溢价支付意愿的影响关系，本文提出以下假设：

H1a：炫耀性价值对溢价支付意愿有显著正向关系。

Leibenstein 通过研究发现，产品购买者在选购具有非功能性产品时会表现出跟潮效应。因此为了满足自己的欲望，消费者可能情愿为其所倾心的产品付出更高的价钱。此外，年青一代热衷于商品的象征价值而不是功能价值，他们的消费目的是寻求品牌带来的人际关系和差异性而不是商品的本质属性。消费者越想通过选择具有象征性产品的方式以跟上时代潮流或是迫切想要融入某个社会圈层，以及得到该群体中的认可或尊重，那么他们为了得到产品就会更加乐意支付更高价格。因此，基于社会自我表达价值对溢价支付意愿的影响关系，本文提出以下假设：

H1b：社会自我表达价值对溢价支付意愿有显著正向关系。

具有财富能力的消费者不大关心产品价格，他们不喜欢盲目从众，崇尚定制化服务，热衷于购买最新、最流行的产品[13]。此外，他们认为品牌个性的认识与其典型消费群体的个性认识有着较高的一致性。基于以上推演，消费者越是想通过购买具有符号性产品的方式以表达其自身品位、个人魅力，以及生活方式，那么他们在购买产品时支付更高价格的意愿就会越强烈。本文提出以下假设：

H1c：内在自我表达价值对溢价支付意愿有显著正向关系。

享乐主义可以使消费者情绪高涨、参与度提升、放飞自我、想象力提高，以及降低现实逃离感。以享乐为目的进行购物还会直接对消费者的感知特殊性产生作用，引起场所依恋，导致高频率光顾和长时间购物。因此，基于享乐价值对溢价支付意愿的影响关系，本文提出以下假设：

H1d：享乐价值对溢价支付意愿有显著正向关系。

自我概念通过以下两种动机影响消费者行为：一是自我提升；二是自我一致性。自我提升动机指的是一个人更喜欢去做一些提升自我形象的事情。自我概念一致性动机意味着个体所表现的行为和自我概念有很高的契合度。

金晓彤等[14]将农民工与都市白领的消费行为进行对比发现：农民工的购买标准是现实自我概念，产品特征或品牌个性与其真实自我概念越是接近，其购买欲望就越强。而对于城市白领而言，都市白领喜欢用理想自我概念为标准进行选购。此外，他们甚至可能溢价购买某些奢侈产品以弥补自己与富人之间的社会差距。乔均、尹坤[15]对具有象征性意义的联合品牌进行研究发现，具有象征性意义的联合品牌往往有较高象征性特点，所以消费者可以借助象征性联合品牌展露出心中对理想自我的追求。因此，自我概念一致性能够显著影响消费者选择象征性联合品牌的意愿。消费者选择品牌时内心更倾向于那些可以表达自我的品牌，目的在于通过消费更深刻地认识自己。

因此，本文提出以下假设：

H2a：现实自我概念一致性正向调节炫耀性价值与溢价支付意愿的关系。

H2b：现实自我概念一致性正向调节社会自我表达价值与溢价支付意愿的关系。

H2c：现实自我概念一致性正向调节内在自我表达价值与溢价支付意愿的关系。

H2d：现实自我概念一致性正向调节享乐价值与溢价支付意愿的关系。

H2e：理想自我概念一致性正向调节炫耀性价值与溢价支付意愿的关系。

H2f：理想自我概念一致性正向调节社会自我表达价值与溢价支付意愿的关系。

H2g：理想自我概念一致性正向调节内在自我表达价值与溢价支付意愿的关系。

H2h：理想自我概念一致性正向调节享乐价值与溢价支付意愿的关系。

综上所述，本文构建了如图1所示的概念框架。

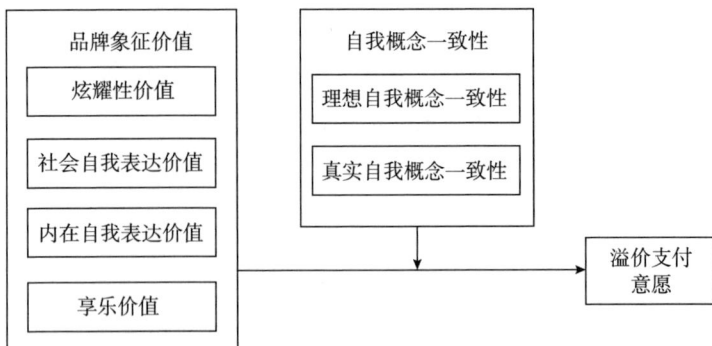

图1　研究的概念框架

三、研究设计

（一）测试产品

综合考虑研究目的与数据获取便利性，此次研究决定选取电子产品这类进口品牌产品作为品牌象征价值对顾客溢价支付意愿影响的研究的测试品，以保证研究结果更真实、可靠。作此选择主要是考虑这类产品的消费者几乎覆盖了所有的研究对象且此类产品具有较高的市场份额。

（二）问卷设计流程

通过操作化定义变量，结合目前现有的成熟量表及笔者对品牌象征价值、自我概念一致性、溢价支付意愿的理解，整合得到本文量表。题项测量选用 Likert5 分量表实现，其中 1、2、3、4、5 分别代表完全不同意、基本不同意、中立、基本同意和完全同意。品牌象征价值、自我概念一致性、溢价支付意愿是本文测定的变量。此外，问卷还用单项选择形式来调查被访者及被访者经济条件，以及社会化程度等基本信息。

（三）量表设计

本文对品牌象征价值的测量从炫耀性价值、社会自我表达价值、内在自我表达价值、享乐价值进行量表设计，同时在设计过程中参考了 Tsai（2005）、

Keith Wilcox（2009）、崔楠（2010）等研究结论。在初步确定量表后，根据实际情况进行合理调整和修缮，最终确定了 16 个题目（见表 1），同理，自我概念一致性量表如表 2 所示，溢价支付意愿量表如表 3 所示。

表 1　品牌象征价值量表

维度	测量题项
炫耀性价值	1. 该品牌能够展示它的使用者所拥有的尊贵的社会地位
	2. 许多体面人士常常使用该品牌
	3. 该品牌是成功人士的象征
	4. 该品牌具有炫耀性
	5. 购买该品牌产品能够提升使用者自身的社会价值
社会自我表达价值	1. 该品牌的使用者常用它来表现自己是某个群体中的一员
	2. 购买该品牌能够融入一定的社会圈子
	3. 该品牌的使用者常用它来表达自己对于某个群体的认同
	4. 该品牌可以被看作是某个群体的象征
内在自我表达价值	1. 该品牌反映了它的消费者的个性
	2. 该品牌的消费者可以用它来表现自己的个性
	3. 该品牌可以帮助消费者定义自己
享乐价值	1. 我购买该产品是为了自己的享乐而不是别人，所以我购买该品牌产品是用来满足自己的需求
	2. 我购买该品牌产品只是因为它让我感到愉快，所以我不在乎它是否让别人高兴
	3. 该品牌产品是我快乐的来源之一，所以我不考虑别人的感受
	4. 我可以完全按照自己的方式使用该品牌，不管别人如何看待

资料来源：Tsai（2005）、Keith Wilcox（2009）、崔楠（2010）。

表 2　自我概念一致性量表

维度	测量题项
真实自我概念一致性	1. 该品牌特质符合我的风格
	2. 该品牌的消费人群与我具有相同的特质
	3. 该品牌呈现了我应该展现给别人的品位
	4. 该品牌呈现出的特质与我的特质很接近
	5. 该品牌特质很符合别人对我的客观评价

续表

维度	测量题项
理想自我 概念一致性	1. 我喜欢该品牌，是因为它符合我理想的自己的风格
	2. 我认为该品牌特质和理想中的我很接近
	3. 我所购买的该品牌产品，都能够让我展示理想的自己
	4. 该品牌特质呈现出我希望自己展现给别人的品位
	5. 该品牌特质很符合我希望别人给我的评价

资料来源：Sirgy（1997）、Malar（2011）、Hosany（2012）。

表3 溢价支付意愿量表

维度	测量题项
溢价支付意愿	1. 与其他的品牌相比，我愿意支付较高的价钱来买这个品牌
	2. 只有这个品牌的价格高得让人无法接受时，我才有可能去选择其他品牌
	3. 我能够支付比其他品牌高出很多的价钱来买这个品牌
	4. 我愿意为该品牌产品比其他品牌产品多支付：5%、15%、25%或更多

注：除愿意支付价格溢价的第4项以选择题形式进行调查外，其他所有项目均按5点量表进行计量。

资料来源：何佳讯（2009）、朱丽叶（2013）。

四、实证结果与分析

（一）信度分析

最终得出的 Cronbach's α 系数数值如表4所示。

表4 Cronbach's α 系数表

变量名称	变量维度	Cronbach's α
品牌象征价值	炫耀性价值	0.866
	社会自我表达价值	0.854
	内在自我表达价值	0.844
	享乐价值	0.866

续表

变量名称	变量维度	Cronbach's α
溢价支付意愿	溢价支付意愿	0.829
自我概念一致性	理想自我概念一致性	0.877
	真实自我概念一致性	0.860
整体		0.911

从表4可知，量表内各个环节的子维度Cronbach's α值全部高于0.7。由此可以看出，本次调查研究的问卷具有极高的可信度和真实度，测量量表能够清楚明了地表现出接受调查人员的真实信息。

(二) 效度分析

当KMO值处于0.8~0.9，表示该变量能够通过显著性检验，可以选择因子分析。最终结论显示，品牌象征价值变量KMO值为0.867，自我概念一致性变量KMO值为0.870，溢价支付意愿变量KMO值为0.719。

根据表5、表6观察品牌象征价值的不同项模型拟合指数，把具体的检验结果与指标对比，RMSEA、χ^2/df、SRMR、GFI、SRMR、AGFI、NFI，以及CFI等指数均满足标准，模型拟合效果良好，与结构方程模型分析的要求相符合。此外，根据SPSS分析结论得出仅提取了一个成分，无法旋转溢价支付意愿这个变量，说明本文有关变量具备较好的建构效度。

表5　品牌象征价值的模型拟合指数

参考指标	χ^2/df	GFI	AGFI	CFI	NFI	RMSEA
参考标准	≤3	>0.9	>0.9	>0.9	>0.9	<0.1
测量值	1.34	0.962	0.945	0.989	0.960	0.028
拟合情况	理想	理想	理想	理想	理想	理想

表6　自我概念一致性的模型拟合指数

参考指标	χ^2/df	GFI	AGFI	CFI	NFI	RMSEA
参考标准	≤3	>0.90	>0.90	>0.90	>0.9	<0.1

续表

参考指标	χ^2/df	GFI	AGFI	CFI	NFI	RMSEA
测量值	1.73	0.975	0.960	0.988	0.973	0.041
拟合情况	理想	理想	理想	理想	理想	理想

（三）模型分析与讨论

在文献回顾的基础上，本文认为品牌象征价值能够对溢价支付意愿产生积极的影响。根据表7可发现，品牌象征价值中炫耀性价值、社会自我表达价值、内在自我表达价值和享乐价值对溢价支付意愿的正向效应均被检验，参考T值的显著性水平远远高出1.96，也就是说支持H1a、H1b、H1c、H1d。具体的标准化路径系数及T值数据如表7所示。

表7　品牌象征价值与溢价支付意愿的影响路径检验

变量关系	标准化路径系数	T值	检验结论	P（P<0.05）	显著性评价
炫耀性价值→溢价支付意愿	0.247	3.700	H1a 支持	0.000	显著
社会自我表达价值→溢价支付意愿	0.175	3.902	H2a 支持	0.000	显著
内在自我表达价值→溢价支付意愿	0.221	3.533	H3a 支持	0.000	显著
享乐价值→溢价支付意愿	0.138	2.742	H4a 支持	0.006	显著

从表7可以看出：炫耀性价值、社会自我表达价值、内在自我表达价值对溢价支付意愿的标准化路径系数分别为0.247、0.175、0.221，对应的P值都在0.001水平上达到显著，说明炫耀性价值、社会自我表达价值、内在自我表达价值对溢价支付意愿有显著正向影响，H1a、H1b、H1c成立；享乐价值对于溢价支付意愿的影响作用系数是0.138，与之对应的P值是0.006，在显著性水平标准0.05内，通过了检验，这表示享乐价值对溢价支付意愿有显著影响，H1d成立。模型中的路径系数与对应T值的显著性水平均通过了检验。因此，本文在此基础上分析自我概念一致性的调节效应。

（四）调节变量影响分析

本文的调节效应以自我概念一致性来作为调节变量，其中的因变量为品牌象征价值，结果变量为溢价支付意愿。在确保模型可靠的基础上，本次试验针对变量数据进行了均值处理，并且检验了不同变量之间的共线性。分析得出的VIF值都在 10 以下，且 CI 值都在 15 以下，这表明变量与变量间没有任何的共线关系。调节效应的检验结果如表 8、表 9 所示。

表 8　真实自我概念一致性调节效应的检验结果

方程	自变量	因变量	标准化系数	T 值	Sig.	调整 R^2
方程 1	年龄		−0.211	−4.616	0.000	0.088
方程 1a	年龄		−0.107	−2.543	0.011	0.293
	炫耀性价值		0.168	3.695	0.000	
	社会自我表达价值		0.174	3.887	0.000	
	内在自我表达价值		0.189	4.184	0.000	
	享乐价值		0.124	2.779	0.006	
方程 1b	年龄		−0.091	−2.180	0.030	0.270
	炫耀性价值		0.146	3.244	0.001	
	社会自我表达价值	溢价支付意愿	0.132	2.917	0.004	
	内在自我表达价值		0.167	3.717	0.000	
	享乐价值		0.109	2.471	0.014	
	真实自我概念一致性		0.173	3.858	0.000	
方程 1c	年龄		−0.050	−1.278	0.202	0.396
	炫耀性价值		0.166	3.944	0.000	
	社会自我表达价值		0.122	2.907	0.004	
	内在自我表达价值		0.138	3.288	0.001	
	享乐价值		0.149	3.618	0.000	
	真实自我概念一致性		0.210	5.041	0.000	
	炫耀性价值×真实自我概念一致性		0.188	4.545	0.000	
	社会自我表达价值×真实自我概念一致性		0.026	0.637	0.524	

续表

方程	自变量	因变量	标准化系数	T 值	Sig.	调整 R^2
方程 1c	内在自我表达价值×真实自我概念一致性	溢价支付意愿	0.058	1.459	0.145	0.396
	享乐价值×真实自我概念一致性		0.178	4.298	0.000	

表 9　理想自我概念一致性调节效应的检验结果

方程	自变量	因变量	标准化系数	T 值	Sig.	调整 R^2
方程 2	年龄		−0.211	−4.616	0.000	0.088
方程 2a	年龄		−0.107	−2.543	0.011	0.270
	炫耀性价值		0.168	3.695	0.000	
	社会自我表达价值		0.174	3.887	0.000	
	内在自我表达价值		0.189	4.184	0.000	
	享乐价值		0.124	2.779	0.006	
方程 2b	年龄		−0.101	−2.428	0.016	0.292
	炫耀性价值		0.132	2.880	0.004	
	社会自我表达价值		0.156	3.516	0.000	
	内在自我表达价值		0.151	3.316	0.001	
	享乐价值	溢价支付意愿	0.101	2.274	0.023	
	理想自我概念一致性		0.171	3.750	0.000	
方程 2c	年龄		−0.050	−1.321	0.187	0.423
	炫耀性价值		0.141	3.388	0.001	
	社会自我表达价值		0.120	2.934	0.004	
	内在自我表达价值		0.144	3.453	0.001	
	享乐价值		0.121	3.008	0.003	
	理想自我概念一致性		0.275	6.390	0.000	
	炫耀性价值×理想自我概念一致性		0.134	3.308	0.001	
	社会自我表达价值×理想自我概念一致性		0.124	3.212	0.001	

续表

方程	自变量	因变量	标准化系数	T 值	Sig.	调整 R^2
方程 2c	内在自我表达价值×理想自我概念一致性	溢价支付意愿	0.167	4.033	0.000	0.423
	享乐价值×理想自我概念一致性		0.163	4.157	0.000	

从表 8、表 9 中可以看出，真实自我概念一致性和理想自我概念一致性在品牌象征价值与溢价支付意愿的相互影响下，多数方程加入交互项乘积后呈现显著性（Sig. <0.05），此外各项方程式里面 $\Delta R^2 = R_b^2 - R_a^2$ 均为正数。表明，真实自我概念一致性和理想自我概念一致性在研究模型中的调节效应是存在的。

此外，温忠麟等（2005）认为，在分层回归分析法中，添加交互乘积项后的复相关系数平方若比没有添加交互项前的数值要明显增高，则存在明显的调节作用[16]。从表 8 和表 9 中可以发现：方程 1c 与方程 2c 中，加入交互项后的 T 值检验分别为 4.545、0.637、1.459、4.298 与 3.308、3.212、4.033、4.157。加入交互项后 Sig. 的值分别为 0.000、0.524、0.145、0.000 与 0.001、0.001、0.000、0.000。由此可见，只有方程 1c 中的第二项（社会自我表达价值×真实自我概念一致性）的数值 0.637 和第三项（内在自我表达价值×真实自我概念一致性）的数值 1.459 未达到 1.96 的 T 值标准，并且交互项 Sig.（统计显著性）值超出 0.05，可以认为真实自我概念一致性在社会自我表达价值与溢价支付意愿、内在自我表达价值与溢价支付意愿这两条路径之间的调节作用不显著，真实自我概念一致性在炫耀性价值与溢价支付意愿、享乐价值与溢价支付意愿、理想自我概念一致性在炫耀性价值与溢价支付意愿、社会自我表达价值与溢价支付意愿、内正自我表达价值与溢价支付意愿、享乐价值与溢价支付意愿这 6 条路径的调节效应明显。除此之外，上文方程交互项系数均大于零，这表示理想自我概念一致性和真实自我概念一致性的增强积极影响了品牌象征价值对于溢价支付意愿的调节效应，为正向调节。

实际调节效应的验证结果如表 10、表 11 所示。

表 10　真实自我概念一致性调节作用假设检验

方程	假设回归路径	调节变量	ΔR²	交互项显著性水平	假设结论
1	炫耀性价值→溢价支付意愿	真实自我概念一致性	0.107	0.000	支持
2	社会自我表达价值→溢价支付意愿	真实自我概念一致性		0.637>0.05	不支持
3	内在自我表达价值→溢价支付意愿	真实自我概念一致性		1.459>0.05	不支持
4	享乐价值→溢价支付意愿	真实自我概念一致性		0.000	支持

表 11　理想自我概念一致性调节作用假设检验

方程	假设回归路径	调节变量	ΔR²	交互项显著性水平	假设结论
1	炫耀性价值→溢价支付意愿	理想自我概念一致性	0.107	0.001	支持
2	社会自我表达价值→溢价支付意愿	理想自我概念一致性		0.001	支持
3	内在自我表达价值→溢价支付意愿	理想自我概念一致性		0.000	支持
4	享乐价值→溢价支付意愿	理想自我概念一致性		0.000	支持

　　通过以上分析可知，自我概念一致性在品牌象征价值与溢价支付意愿之间具备正向调节作用，跟实际情况比较吻合。

　　自我概念一致性能够影响品牌象征价值和消费行为的互动，有效提升消费者的品牌好感，驱动消费者的溢价支付行为。而真实自我概念一致性在社会自我表达价值、内在自我表达价值这两条路径之间的调节作用不显著，其可能原因是消费者在现实中的自身形象难以激发消费者的积极情绪，从而影响其对品牌象征价值产生偏好。此外，相较于真实自我而言，理想自我要更加地完美出众并成为真实自我不断前进的目标。所以理想自我概念一致性对购买具有象征性品牌产品的溢价程度更为显著。

结合以上分析，本次研究的假设验证如表 12 所示。

表 12　品牌象征价值对溢价支付意愿的影响研究

研究假设	结论
H1a：炫耀性价值对溢价支付意愿有显著正向关系	支持
H1b：社会自我表达价值对溢价支付意愿有显著正向关系	支持
H1c：内在自我表达价值对溢价支付意愿有显著正向关系	支持
H1d：享乐价值对溢价支付意愿有显著正向关系	支持
H2a：现实自我概念一致性正向调节炫耀性价值与溢价支付意愿的关系	支持
H2b：现实自我概念一致性正向调节社会自我表达价值与溢价支付意愿的关系	不支持
H2c：现实自我概念一致性正向调节内在自我表达价值与溢价支付意愿的关系	不支持
H2d：现实自我概念一致性正向调节享乐价值与溢价支付意愿的关系	支持
H2e：理想自我概念一致性正向调节炫耀性价值与溢价支付意愿的关系	支持
H2f：理想自我概念一致性正向调节社会自我表达价值与溢价支付意愿的关系	支持
H2g：理想自我概念一致性正向调节内在自我表达价值与溢价支付意愿的关系	支持
H2h：理想自我概念一致性正向调节享乐价值与溢价支付意愿的关系	支持

五、结论与启示

（一）研究结论

第一，本文认为，具有象征意义的品牌产品可以对顾客溢价支付意愿产生影响。品牌产品价值中的炫耀性价值、社会自我表达价值、内在自我表达价值，以及享乐价值均可以对溢价购买行为产生显著的正向影响且炫耀性价值对溢价支付意愿的影响作用最为显著（不同维度影响着溢价支付意愿的路径系数分别是炫耀性价值（0.27）>内在自我表达价值（0.22）>社会自我表达价值（0.17）>享乐价值（0.14））。这在一定程度上说明，人们青睐具有象征意义的产品更多的是为了追求一定的身份地位。内在自我表达价值的路径系数高于社会自我表达价值，这说明当代消费者更多的是将具有象征意义的品牌视为自我延伸的一种表示途径，在情感上产生一定的共鸣。享乐价值虽然路径系数最小，但是它也体现出当代人一种全新的生活理念——"千金难买我高兴"。

第二，自我概念一致性在品牌象征价值与溢价支付意愿之间的调节作用。理想自我概念一致性与真实自我概念一致性均对顾客溢价购买具有象征意义的品牌产品有正向作用且理想自我概念一致性的影响更为显著。消费者出于对财富或地位的羡慕或者通过模仿某个群体成员的消费行为来提升自身的消费知识与认同感。同时，消费者喜爱与所向往的群体建立关系，希望表达自我形象和获得群体身份。此外，研究还发现，无论是真实自我概念一致性还是理想自我概念一致性对享乐价值这条路径的调节作用均是显著的。受欧美消费主义文化的熏陶、民众生活水平的提高，以及消费者内心需求的增加，越来越多消费者不再满足于物质消费或被动娱乐消费，而希望通过购买具有一定意义的产品得到持续时间长、意义更加深刻的客户体验感。而这个过程能使他们的感性消费得到满足，达到占据和享受物质的人生目的。

（二）启示

本次研究结果可证明品牌象征价值对于顾客溢价购买需求有着积极的影响作用。根据研究结论，本文提出以下几点营销建议：

1. 满足市场需求，提高品牌象征价值

品牌最核心的象征价值还是作为地位和身份的表达的载体，满足使用者表达炫耀性的心理需求。众多奢侈品牌通过炫耀性价值的定位房获消费者的芳心。因此一方面，品牌建设者需要根据以上指示来定位品牌，给顾客带来与众不同的品牌象征价值，以满足顾客对自我个性的追求。除此之外，品牌建设者可将品牌象征的多个维度有机结合，给顾客提供多元化的象征价值。另一方面，企业可以尝试定位品牌社会自我表达价值，建立区别性竞争优势。品牌建设者可通过构建品牌社区、跟顾客频繁互动交流等方式不断地升级品牌形象，

让客户可以贴切地感受到品牌企业的凝聚力从而有效地提升品牌价值和顾客对于品牌产品的忠实程度。

2. 企业对品牌进行象征性定位要注重目标群体的代际差异特征

由于年龄不同所生成的代际差异可对溢价购买行为产生重要作用。对于代际差异这一影响因素而言，年龄对溢价支付意愿也有显著作用且年青一代的溢价程度明显高于老一辈。因此，对不同年龄层而言，企业应该对品牌产品进行象征性定位与分类。相较"新一代"而言，他们追求时尚、新潮、全新的生活方式，因此品牌产品应该多关注时代潮流发展，收集多方面信息、了解市场行情推出符合消费者个性特点的定制化产品或服务以获取消费者对品牌的认同。

3. 深入研究消费者的心理需求，迎合消费者理想自我概念一致性

本文提出以下途径供挖掘客户心理需求：其一，重视品牌产品的感性价值，增强产品和消费者之间的情感呼应，或者是为客户进行定制化服务，使消费者在情感方面与精神境界得到升华。其二，可以适当地通过公共营销事件或者是新媒体运营等手段进行宣传，建立全面科学的营销整合策略，以满足客户理想自我一致性需求。根据消费者喜欢去开发产品，激起消费者的自我提升动机和念头，进而提升消费者的溢价支付意愿。其三，给消费者提供全方位服务体验，通过定制化专属服务创造优质的购物氛围，将客户的理想自我一致性充分地激发出来。需要注意的是，应在满足使用者真实自我一致性的基础上打造使用者理想自我一致性，注重产品品质和品牌的建设。

4. 设计品牌创意管理方向，研究品牌未来走向

设计品牌象征性价值要以品牌理念为核心，以品牌识别为基础，将企业和消费者两大品牌传播体系融合，发挥创意推广品牌，形成品牌声浪，满足消费者对品牌的需求。对于产品品质创新的创意，需要依据产品开发顺序进行向前创新或向后创新；对于产品服务创意执行，要创新方式、增加类型、提升文化；对于产品技术创意执行，需要与相关技能单位合作，共同开发新的产品生产技术；对于产品包装创意执行，应该增加执行团队的审美标准与文化内涵，

提高时代感，增加亲近度。

（三）研究不足与未来研究方向

在实证分析及文献梳理后，尽管本次研究探索了品牌象征价值和溢价支付意愿两者间的作用和关系，但仍存有一些局限。

第一，在研究对象及品牌方面存在一定的局限性。本次试测产品主要是国外品牌产品。只利用社交网络软件，如微信、QQ等发放与回收调查问卷来分析，并未具体深入地探讨我国的经典品牌产品。

第二，研究方法存在着一定的局限性。本文采用横截面数据来分析品牌象征价值和顾客溢价支付意愿之间关系，没有考虑时间因素的影响。

第三，界定品牌象征价值维度还必须通过更多实证进行检验。其维度界定是否普遍适用，还需长期考察。

第四，未来研究可从心理学视角深入研究与完善消费者溢价支付行为的原因。通过引入更多的心理学变量分析品牌如何与消费者产生情感联结，为品牌定位指明方向，及时根据外部环境做出动态调整，为厂商和企业构建强有力竞争优势做出导向。此外，媒体热点带来的爆炸式流量已使品牌建设者意识到，品牌需要借助互联网，需时刻保持生命力。如何利用新媒体打造一个具有良好口碑的品牌象征性也是未来需要继续丰富的研究方向。

参考文献

[1] 肖阳. 品牌价值管理：基于顾客感知与创新驱动的视角 [M]. 北京：经济科学出版社，2015.

[2] 肖阳，林舒怡. 顾客品牌契合的研究述评与模型构建 [J]. 物流工程与管理，2016，38（6）：154-157.

[3] 钱杜益，张少博. 品牌象征价值的内涵 [J]. 经济论坛，2008（22）：112-114.

[4] 侯历华. 国内外品牌象征意义内涵研究综述 [J]. 首都经济贸易大学学报，2007，9（4）：99-103.

[5] 杨速炎. 品牌溢价的神奇魔力 [J]. 市场研究，2009（6）：36-40.

［6］高亚瑞．"互联网+"环境下顾客感知价值与忠诚度关系研究［J］．劳动保障世界，2016（33）：45-46.

［7］周静，谢天．物质主义者自我概念的特点和相关理论［J］．心理科学进展，2019（1）：1-12.

［8］徐雪，宋海涵．中国人口年龄结构变化对城乡居民消费水平的影响［J］．首都经济贸易大学学报，2019，21（1）：15-23.

［9］耿小惠．设计品牌创意管理研究［D］．南京：南京航空航天大学硕士学位论文，2016.

［10］LEIBENSTEIN H．Bandwagon，snob，and Veblen effects in the theory of consumers' demand［J］．The Quarterly Journal of Economics，1950，64（1）：183-207.

［11］SHETH J N，NEWMAN B I．Consumption values and market choice［M］．Cincinnati Ohio：South Western Publishing，1991.

［12］邓晓辉，戴俐秋．炫耀性消费理论及其最新进展［J］．外国经济与管理，2005，27（4）：2-9.

［13］赵驹．运用整合营销理论指导奢侈品营销［J］．北京工商大学学报（社会科学版），2006，21（3）：63-65.

［14］金晓彤，杨潇，王天新．农民工群体购买意愿形成机理理论框架与实证研究——自我概念一致性、参照群体和感知风险的作用机制［J］．外国经济与管理，2015，37（2）：38-50.

［15］乔均，尹坤．自我一致性对象征性联合品牌购买意愿影响研究［J］．品牌研究，2016（3）：22-28.

［16］温忠麟，侯杰泰，张雷．调节效应与中介效应的比较和应用［J］．心理学报，2005（2）：268-274.

Research on the Influence of Brand Symbolic Value on Consumers' Willingness to Pay Premium

Minlin Zhou, Yang Xiao, Yuzhen Ke

Abstract: This research divides brand symbolic value into four dimensions: conspicuous value, social self-expression value, internal self-expression value and hedonic value. The structural equation model test shows that the conspicuous value, social self-expression value, internal self-expression value and hedonic value of brand symbolic value positively affect customers' willingness to pay premium. Self-concept consistency plays a positive regulatory effect in the relationship between brand symbolic value and customers' willingness to pay premium. Based on the empirical results, this study provides suggestions for enterprises to create symbolic value, manage brand creativity, and improve customers' willingness to pay premium.

Key words: Brand symbolic value; Willingness to pay premium; Creative management; Self-concept consistency

金苹果还是青苹果？创业创造力对绿色创业的影响研究

◎ 姜　辉　王素利　王　鲁　李　刚*

　　摘要：具有高创造力的企业家（即"金苹果"）很容易找到，但具有绿色创业意愿的企业家（即"青苹果"）却很少。为了解释这一现象，我们首次引入认知失调理论，通过两个平行机制绿色识别和绿色推脱来论证创业创造力如何影响绿色创业。此外，我们将绿色自我认同作为调节变量来预测创业创造力与这两种机制之间的关系何时加强或减弱。通过实证研究，我们调查了中国东部一个地方企业家协会的362名企业家。结果表明，创业创造力与绿色识别和绿色推脱都呈正相关，绿色识别增强了绿色创业意愿，而绿色推脱则削弱了绿色创业意愿。更重要的是，具有高绿色自我认同感的企业家更有可能参与绿色识别，从而促进绿色创业意愿。相比之下，具有低绿色自我认同感的企业家更愿意参与绿色推脱，从而抑制绿色创业意愿。文末，我们讨论了这些发现对创业创造力和绿色创业的理论和实践意义。

　　* 姜辉，浙江财经大学信息管理与人工智能学院助理教授（fidojianghui@hotmail.com）；王素利，浙江财经大学信息管理与人工智能学院研究生（wangsuli97@zufe.edu.cn）；王鲁，浙江财经大学信息管理与人工智能学院助理教授（wanglu@zufe.edu.cn）；李刚，齐鲁工业大学（山东省科学院）计算机科学与工程学院教授（lig@sdas.org）。

关键词：创业创造力；绿色识别；绿色推脱；绿色自我认同；绿色创业

一、引言

本文调查了创新型企业家为什么，以及如何为绿色创业（也称为可持续创业）做出相反的决定。我们认为，创造力不应仅仅被视为绿色创业行为的驱动力，相反，创造力的影响是可延展的，会根据个人对环境保护的态度和观念而发生从积极到消极的转变。因此，我们探讨了创业创造力和绿色创业意愿之间的潜在促进（即绿色识别）和抑制（即绿色推脱）机制，以及潜在的调节变量（即绿色自我认同）。

绿色创业被认为是促进绿色经济最有价值的机制之一[1,2]。然而，绿色创业在市场、金融和道德领域中面临着许多障碍[3]。绿色创业的一个潜在先决条件是创造力，这意味着企业家可以灵活、发散地思考，并产生创造性的想法，以探索和识别新的商业机会[4,5]。创造力对于利益认可至关重要，这会积极影响一般创业行为[6]。因此，所有拥有创造力的企业家都能够开展绿色创业是有道理的。然而，如果具有创造力的企业家为拒绝绿色创业找借口，可能会出现一些问题。

本文为创造力与绿色创业意愿之间的关系提出了一个双路径模型，即一个描述绿色推脱和绿色行为原因的统一框架。由于他们灵活的认知和发散的思维[4][7]，具有高度创造力的企业家能够识别出绿色商业创意。绿色识别路径是一个识别绿色商机的过程，它解释了为什么创造力可以增加实施绿色创业行为的可能性。然而，绿色推脱路径是一个避免绿色责任的过程，它描述了创造力的相反效果。也就是说，具有创造力的企业家也可能会利用其灵活的认知和发散思维，通过免除自己的责任、采用双重标准和使用高尚的借口来声称自己的行为是正当的，从而推卸环境责任。

金苹果还是青苹果？创业创造力对绿色创业的影响研究

Golden Apples or Green Apples? The Effect of Entrepreneurial Creativity on Green Entrepreneurship

此外，我们认为，绿色自我认同，即个人作为支持环境保护的自我调节[8]，是决定创造力何时与上述两种途径相关的关键调节因素。由于自我调节效应只有在个人关注与环境相关的信息时才起作用[9]，因此绿色自我认同是企业家创造力激活绿色识别或绿色推脱的关键因素。换句话说，绿色识别或绿色推脱机制的激活取决于个体绿色自我认同的水平。其根本原因是，绿色自我认同使企业家能够将"绿色"视为与自身信仰密不可分的东西，他们将以符合他们绿色自我概念的方式行事。因此，一方面，具有高度绿色自我认同感的企业家将倾向于利用他们灵活的认知和发散的思维来识别新的绿色商业创意。另一方面，具有低绿色自我认同感的企业家倾向于利用他们灵活的认知和发散思维来推卸他们保护环境的责任感。图1显示了我们的双路径模型，该模型描述了创业创造力如何及何时影响企业家的绿色创业意愿。

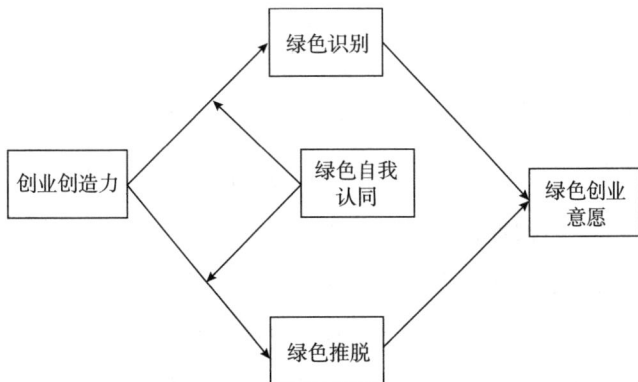

图1　绿色创业意愿的双路径模型

本文的主要贡献如下：首先，解释了为什么并非所有具有高创造力的企业家都愿意开始一项有利于环境的绿色创业。我们使用认知失调理论[10]，通过同时考察绿色推脱的抑制机制和绿色识别的促进机制来解释绿色创业行为的双路径模型。其次，从绿色推脱的抑制机制何时起作用和绿色识别的促进机制何时起作用两个方面考察了一个重要的调节因素——绿色自我认同。结果表明，个体特征是决定绿色创业意愿的潜在因素。最后，本文以更微妙的方式将创造力的文献扩展到绿色创业领域。虽然现有研究广泛关注创造力与创业行为之间的积极关系[11,12]，但我们的研究结果提供了证据，表明创造力可能会对绿色创业产生负面影响。

二、理论背景和假设发展

（一）创业创造力

由于企业家必须具有足够的创造力来探索和识别新的创业机会，创造力被广泛认为是创业行为的关键决定因素[13,14]。创业领域的许多研究都探讨了创造力，但到目前为止，还没有统一的定义。例如，Amabile[15] 将创造力定义为产生新颖且有用的想法。基于这一定义，Ye 等[12] 进一步从原创性和有用性两个维度评估了创造力。然而，其他研究人员将创造力视为产生新方法的内在资源[16,17]。具体而言，创造性个体参与灵活的认知和发散性思维过程较为常见，这在整个创造性过程中起着关键的内部资源作用[18]。

企业家作为一个特殊群体，具有相似的认知属性和内部资源，如灵活的认知和发散性思维，这使他们与其他人有所不同[4]。因此，本文将创业创造力定义为企业家用来进行灵活认知和发散思维的内部资源。然而，这些创造性的特质只会让企业家更有可能使用灵活的认知和发散思维来解决他们的问题，无论是正面的还是负面的。例如，当遇到困难时，一些人会用他们的创造性思维来解决这个问题，而另一些人则会试图寻找借口来回避这个问题。因此，我们提出两种相反的机制来分析创业创造力对企业家绿色创业意愿的影响。

（二）绿色创业与认知失调理论

绿色创业是指通过提供绿色产品和服务创造经济和环境价值的一系列创业活动[19-22]。与传统商业创业相比，绿色创业不仅关注经济回报，还关注自然环境和可持续发展[23]。因此，绿色企业家面临着诸多障碍。Linnanen 提出了一个绿色创业边界的框架，将这些边界分为三大类：市场壁垒（即消费者环

金苹果还是青苹果？创业创造力对绿色创业的影响研究

Golden Apples or Green Apples? The Effect of Entrepreneurial Creativity on Green Entrepreneurship

保意识的缺乏）、融资壁垒（即高投资成本和资金的缺乏）及道德障碍（即对环境保护缺乏态度和道德推理）[3]。因此，企业家在考虑是否启动绿色创业时面临两难境地。由于上述障碍，启动这样的创业活动需要承担高风险。但如果不启动，他们将因缺乏绿色意识而遭受自我制裁。

认知失调理论提供了一个简明的框架来预测创业创造力如何与绿色创业相关联[24]。根据认知失调理论，当个体必须对一个新出现的因素表达自己的观点时，他们会经历新认知和旧认知之间的心理冲突，这被称为认知失调[10]。例如，如果一个企业家持有"绿色创业有助于环境保护"和"绿色创业高风险"这两种认知，他就会感到认知失调。为了消除与这种冲突造成的不适感，个体倾向于采用两种自我调节途径来获得心理平衡。一种是直接否定新认知，另一种是寻求新认知的信息，以完全取代旧认知。继续上面的例子，一方面，企业家可能会否认之前的认知："绿色创业可能对环境没有好处。"另一方面，企业家也可能会否认后一种认知："尽管绿色创业是高风险的，但它也非常有利可图。"

（三）绿色识别机制

基于认知失调理论，我们预测，当绿色创业成为一个不可避免的问题时，企业家会感到自我制裁与绿色困境带来的高风险之间的心理冲突。这些企业家可以为了促进环境保护积极参与绿色创业，或为了推卸环境责任消极逃避绿色创业。

为了检验我们的上述假设，我们首先引入绿色识别作为一种机制，来解释为什么具有高创造力的企业家可能会被激励积极地开始绿色商业冒险。绿色识别是指一种特定的推理形式，代表个人识别和发现绿色创业潜在好处的能力[25]。现有文献强调需要解决认知失调个体的不适。解决这种不和谐的一个有效方法就是积极寻找支持行动的充分证据[26,27]。研究人员高度重视创造力在机会识别领域的作用[12]。由于企业家拥有灵活的认知和发散思维[18]，他们可以产生许多想法来支持他们的绿色行为。

此外，绿色识别应该与绿色创业意愿正相关，因为它可以激励企业家通过识别和发现绿色创业的潜在利益、意识到潜在的绿色决策对环境的影响、评估旧的心理冲突（无论它们是否存在）和创造性地重新定义认知，为绿色困境提出新颖而有用的解决方案。

因此，绿色识别使企业家能够通过加强对绿色创业益处的认知来解决绿色困境。此外，绿色识别还可以增强企业家的环境意识，从而增强他们的绿色创业意愿[28]。

H1：创业创造力与绿色识别正相关。

H2：绿色识别与绿色创业意愿正相关。

我们不认为创造力直接有助于绿色创业意愿，因为创造力本身并不涉及绿色问题。尽管创造力有助于识别传统商业和绿色创业的收益[29]，但创业的创造性过程并不主要关注绿色问题，创造力也不一定会导致绿色行为。此外，现有文献表明自我调节不是由环境承诺激活的，而是由绿色动机决定的[9,30]。因此，我们引入绿色自我认同的概念作为调节变量。绿色自我认同是绿色行为的认知表征，代表绿色特质对自我概念至关重要的程度[31,32]。这种身份会影响个体绿色行为，并随着时间的推移保持相对稳定[33]。例如，将自己视为典型垃圾分类者的个体比不这样做的人更有可能实施垃圾分类[34]。

绿色识别引导企业家关注环境问题、识别潜在的绿色收益、发现潜在绿色创业行为对环境的意义和影响。自我概念维持理论表明，个体更倾向于与显性身份保持一致[35,36]。我们可以推断，与那些绿色自我认同感较低的企业家相比，具有高绿色自我认同感的企业家会更有动力、更有可能做出与绿色相关的决策。因此，我们预测具有高创造力和高绿色自我认同感的企业家更有可能参与绿色识别。具体来说，当面临绿色困境时，企业家可以利用他们灵活的认知和发散思维来充分实现绿色识别，以确定和发现绿色创业的潜在收益。然而，当创意企业家的绿色自我认同感较低时，他们就没有太多动机利用他们的灵活认知和发散思维进行绿色识别。换句话说，企业家可能有能力解决绿色困境，但他们也可能缺乏激活绿色识别机制的强烈动机。

H3：绿色自我认同会调节创业创造力和绿色识别之间的关系。

具体来说，当绿色自我认同感高（低）时，更高的创业创造力将导致更

金苹果还是青苹果？创业创造力对绿色创业的影响研究

Golden Apples or Green Apples? The Effect of Entrepreneurial Creativity on Green Entrepreneurship

高（低）的绿色识别。此外，我们认为，绿色识别中介了创业创造力和绿色自我认同对绿色创业意愿的交互作用。如上所述，当与高（低）绿色自我认同感交互时，创造力与绿色识别过程正（负）相关。同时，绿色识别机制的激活将导致更高的绿色创业意愿。同样，绿色创业行为是个人特征（创造力）、内部标准（绿色自我认同）和自我调节过程（绿色识别）的结果。因此，我们认为当绿色自我认同感高（低）时，创造力通过绿色识别对绿色创业意愿的间接正面影响将更多（更少）。

H4：绿色自我认同通过绿色识别调节创业创造力对绿色创业意愿的间接影响。

（四）绿色推脱机制

与绿色识别不同，我们引入绿色推脱作为一种替代机制，来解释为什么具有高创造力的企业家可能会拒绝绿色创业。之前的文献广泛研究了各个领域中的个体推脱行为，如道德推脱[37,38]、文化推脱[39]和公民推脱[40]。我们将推脱的概念引入绿色创业领域，并将绿色推脱定义为个体与环境意识和责任推脱的认知过程。与绿色识别机制不同，解决认知失调个体不适的另一个有效方法是积极寻找充足的证据来证明取消行动的合理性[26,27]。现有文献强调了创造力的阴暗面，尤其是在不道德行为方面[41]。由于企业家拥有灵活的认知和发散思维[18]，所以他们可以用多种方式来证明自己的非绿色行为。

此外，绿色推脱与绿色创业意愿呈负相关，因为它可以：①通过自我辩护重新定义和扭曲绿色行为的含义，激励企业家避免因缺乏环境意识和责任而受到自我制裁；②最小化绿色行为的价值；③模糊和扩大绿色行为的范围。绿色推脱的关键作用表现为个体通过忽视和最小化非绿色行为的负面影响来重建其对非绿色行为的认知。也就是说，绿色推脱让企业家能够通过阻止与环境保护相关的自我监管过程来解决绿色困境。此外，绿色推脱也会削弱企业家的环境意识和绿色观念，从而抑制他们的绿色创业意愿。

H5：创业创造力与绿色推脱正相关。

H6：绿色推脱与绿色创业意愿负相关。

与绿色识别机制一致，我们认为，绿色自我认同是影响创业创造力和绿色推脱之间关系的调节因素。研究人员已经证明，有创造力的人可以利用他们灵活和发散的思维来自我辩护[42]。然而，自我辩护的程度取决于个人的特征，如一个人的自我概念[43]。为了保持他们突出的自我概念（即绿色角色身份），这些人会更倾向于自我辩护。因此，我们预测具有高创造力和低绿色自我认同感的企业家更有可能参与绿色推脱。具体来说，当面临绿色困境时，企业家可以利用他们灵活的认知和发散的思维，充分参与绿色推脱，以避免因缺乏环境意识和责任而受到自我制裁。然而，当企业家具有较高的绿色自我认同感时，他们就不会有太多动机来利用自己的灵活认知和发散思维进行绿色推脱。换句话说，有能力解决绿色困境的创意企业家可能也缺乏激活绿色推脱机制的强烈动机。

H7：绿色自我认同会调节创业创造力和绿色推脱之间的关系。

具体来说，当绿色自我认同度较低（较高）时，较高的创业创造力将导致较高（较低）的绿色推脱。此外，我们认为绿色推脱在创业创造力和绿色自我认同对绿色创业意愿的交互作用中起到了中介作用。如前所述，当与高（低）绿色自我认同交互时，创业创造力与绿色推脱呈负（正）相关。同时，绿色推脱机制的激活将导致绿色创业意愿的降低。顺着这条线索，绿色创业行为是个体特征（创造力）、内部标准（绿色自我认同）和自我调节过程（绿色推脱）的结果。因此，我们认为当绿色自我认同感高（低）时，创业创造力通过绿色推脱影响绿色创业意愿的间接效应将更小（更大）。

H8：绿色自我认同通过绿色推脱调节创业创造力对绿色创业意愿的间接影响。

三、方法

（一）过程和方法
我们通过向不同领域的企业家发放在线问卷来收集数据。这些企业家的信

金苹果还是青苹果？创业创造力对绿色创业的影响研究

Golden Apples or Green Apples? The Effect of Entrepreneurial Creativity on Green Entrepreneurship

息来自中国东部一个当地企业家协会提供的数据库。在填写问卷之前，参与者被告知他们的回答是严格保密和匿名的。问卷由两部分组成：人口统计学（如年龄、性别、教育程度、工作领域和任期）和测量变量（如创造力、绿色自我认同、绿色推脱、绿色识别、绿色创业意愿、自我效能和社会资本）。参与者是从数据库中随机选择的，通过包含对研究的简要描述和研究链接的电子邮件邀请他们参与。

调查持续了四个月。研究共发出 832 份邀请，回收有效问卷 362 份（回复率为 43.51%）。参与者包括 56.08% 的男性（SD = 0.50），其平均年龄为 40.81 岁（SD = 7.66）。大多数参与者（74.85%，SD = 0.43）拥有学士或以上学位，并平均具有 6 年工作经验（SD = 4.87）。参与者来自以下领域：制造业（22.65%）、信息技术（18.23%）、大众传媒（8.84%）、农业（3.04%）、医疗保健（5.52%）、建筑（4.71%）、交通（5.52%）、会计（1.10%）、金融（3.31%）、旅游业（4.42%）、零售业（8.01%）、咨询业（2.76%）和其他（11.89%）。

（二）控制变量

由于自我效能感是一种能够成功完成特定任务的信念，所以高自我效能感的企业家比低自我效能感的企业家更有可能创业[44]。此外，现有文献还提出企业家拥有的社会资本（如导师、非正式行业网络和专业论坛）越多，他们创办新企业的可能性就越大[44]。由于这些变量与创业实践之间存在很强的相关性，于是我们控制了自我效能感和社会资本，以测试创业创造力是否单独解释了绿色创业意愿。

（三）测量

基于现有文献，所有变量均采用 7 点 Likert 量表进行测量，该量表被确定为是成熟可靠的。为了确保语言之间的对等，我们最初用英语设计了量表，将其翻译成中文，然后请专业翻译将其翻译成英语。我们使用一个 12 题项量表（α = 0.89）测量自变量——创业创造力，该量表改编自 Chia 和 Liang[44]（见附录中的表 A1）。绿色自我认同作为一个调节因素，我们使用一个 6 题项量表（α = 0.85）进行测量，该量表改编自 Chen[45]（见附录中的表 A2）。绿色识别和绿色推脱这两个中间变量是由 Ozgen 和 Baron[46] 改编的 6 题项（α＝0.87）量表（见附录中的表 A3）和 Moore 等[47] 改编的 8 题项（α＝0.85）量表（见附录中的表 A4）测量的。我们还使用一个 6 题项量表（α＝0.84）测量了因变量——绿色创业意愿，该量表改编自 Wang 等[48]（见附录中的表 A5）。自我效能感采用 8 题项量表（α＝0.83），该量表改编自 Wang 等[48]（见附录中的表 A6），社会资本采用 10 题项量表（α＝0.83），该量表改编自 Williams[49]（见附录中的表 A7）。

四、分析和结果

（一）描述性统计

由于在我们的研究中有几个与绿色相关的焦点结构（即绿色自我认同、绿色推脱、绿色识别和绿色创业意愿），因此我们进行了验证性因素分析来检验判别效度。结果表明，四因素模型明显优于其他模型（见表 1）。

表 1 判别效度的验证性因素分析

序号	模型	χ^2	df	χ^2/df	NFI	CFI	RMSEA	$\Delta\chi^2$
1	四因素模型	334.37	293	1.14	0.91	0.99	0.02	
2	三因素模型 1	1101.94	296	3.72	0.70	0.76	0.09	767.57**
3	三因素模型 2	1126.90	296	3.81	0.69	0.75	0.09	792.53**
4	三因素模型 3	896.72	296	3.03	0.76	0.82	0.08	562.35**
5	双因素模型	1643.68	298	5.52	0.55	0.60	0.11	1309.31**
6	单因素模型	2056.63	299	6.88	0.44	0.48	0.13	1722.26**

注：** 表示 $p<0.01$. 三因素模型 1：F1+F2、F3、F4；三因素模型 2：F1、F2+F3、F4；三因素模型 3：F1、F2、F3+F4；双因素模型：F1+F2、F3+F4；单因素模型：F1+F2+F3+F4。

相关分析结果表明，创业创造力与绿色识别（r＝0.41，p<0.01）和绿色推脱（r＝0.21，p<0.01）均呈正相关；绿色创业意愿与绿色识别呈正相关（r＝0.37，p<0.01），与绿色推脱呈负相关（r＝-0.41，p<0.01）。详细结果如表 2 所示。

金苹果还是青苹果？创业创造力对绿色创业的影响研究

Golden Apples or Green Apples? The Effect of Entrepreneurial Creativity on Green Entrepreneurship

表 2 描述性统计和相关性

变量	均值	标准误差	1	2	3	4	5	6	7	8	9	10	11
1. 年龄	40.81	7.66											
2. 性别	0.56	0.50	-0.04										
3. 教育程度	0.75	0.43	-0.03	0.07									
4. 工作任期	6.00	4.87	0.84**	-0.03	-0.06								
5. 自我效能	4.56	0.69	0.07	-0.07	0.01	0.06	(0.83)						
6. 社会资本	4.15	0.72	0.02	-0.11*	-0.05	0.03	0.36**	(0.83)					
7. 创业创造力	3.82	0.87	0.04	-0.19**	0.00	0.06	0.29**	0.41**	(0.89)				
8. 绿色自我认同	4.83	0.94	0.14**	-0.13*	-0.04	0.15**	0.24**	0.26**	0.33**	(0.85)			
9. 绿色识别	4.63	0.93	0.08	-0.11*	-0.04	0.10*	0.22**	0.19**	0.41**	0.17**	(0.87)		
10. 绿色摆脱	3.49	0.95	-0.07	-0.05	0.02	-0.07	-0.09	-0.05	0.21**	-0.07	-0.18**	(0.85)	
11. 绿色创业意愿	4.70	1.05	0.05	-0.09	0.00	0.06	0.26**	0.28**	0.21**	0.38**	0.37**	-0.41**	(0.84)

注：N=362。在性别方面，0=女性，1=男性；就教育程度而言，0=高中或更低学历，1=大学或更高学历。年龄和工作任期以年为单位。可靠性显示在对角线上。*表示 $p<0.05$，**表示 $p<0.01$。

（二）绿色识别机制的假设检验

为了减少多重共线性，我们将所有变量做了中心化处理。如表3所示，显示了以绿色识别为中介的分层多元回归结果。与假设1一致，模型1表明创业创造力与绿色识别呈正相关（B = 0.40，SE = 0.06，p<0.01）。在模型3中，我们发现创业创造力与绿色创业意愿没有显著关系。这一结果进一步表明，绿色创业行为不仅仅是一个"商业"问题。模型4的结果支持假设2，表明绿色识别与绿色创业意愿呈正相关（B=0.37，SE=0.06，p<0.01）。此外，模型2显示创业创造力和绿色自我认同的交互效应与绿色识别显著相关（B=0.38，SE=0.06，p<0.01）。

表3　以绿色识别为中介的层次回归分析

变量	因变量=绿色识别				因变量=绿色创业意愿			
	模型 1		模型 2		模型 3		模型 4	
	B	SE	B	SE	B	SE	B	SE
（常数）	0.00	0.04	−0.10*	0.05	0.00	0.05	0.00	0.05
年龄	−0.00	0.01	−0.00	0.01	−0.00	0.01	−0.00	0.01
性别	−0.04	0.09	−0.02	0.09	−0.09	0.11	−0.08	0.10
教育程度	−0.07	0.10	−0.12	0.10	0.04	0.12	0.06	0.12
工作任期	0.02	0.02	0.02	0.02	0.01	0.02	0.02	0.02
自我效能	0.15*	0.07	0.11	0.07	0.26**	0.08	0.20*	0.08
社会资本	−0.01	0.07	−0.09	0.07	0.26**	0.08	0.27**	0.08
创业创造力	0.40**	0.06	0.29**	0.06	0.09	0.07	−0.06	0.07
绿色自我认同	0.01	0.05	0.12*	0.05				
创业创造力×绿色自我认同			0.38**	0.06				
绿色识别							0.37**	0.06
R^2	0.19		0.28		0.12		0.20	
ΔR^2	0.17		0.26		0.10		0.18	
F 值	10.30**		14.95**		6.56**		10.97**	

注：*表示 p<0.05，**表示 p<0.01。

金苹果还是青苹果？ 创业创造力对绿色创业的影响研究

Golden Apples or Green Apples? The Effect of Entrepreneurial Creativity on Green Entrepreneurship

此外，我们还进行了一项简单斜率检验以验证绿色自我认同的调节作用方向。图2表明，当绿色自我认同感高时，高创造力与高绿色识别显著相关（斜率=0.65，t=9.57，p<0.01），但当绿色自我认同感低时，高创造力与低绿色识别没有显著关联（斜率=−0.06，t=−0.68，p=0.50）。因此，假设3得到了部分支持。

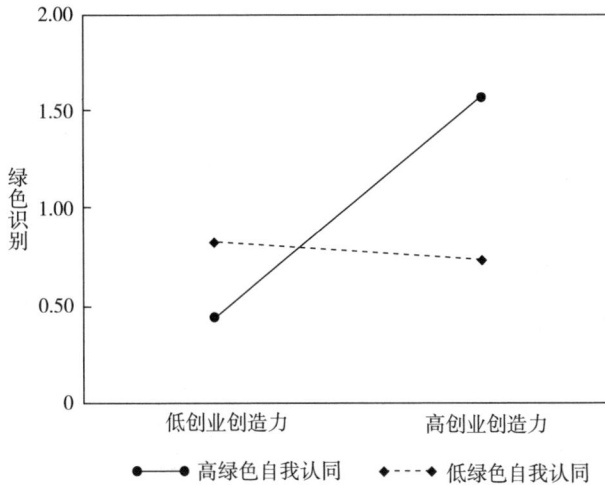

图2 创业创造力和绿色自我认同对绿色识别的交互作用

注：创业创造力和绿色自我认同的高水平和低水平分别代表平均值±1SD。

我们应用 Hayes[50] 开发的 PROCESS Macro 来检验创业创造力通过绿色识别对绿色创业意愿的间接影响。结果表明，创业创造力的间接效应对高水平的绿色自我认同（B=0.24，SE=0.04，p<0.01）作用显著，但对低水平的绿色自我认同作用不显著。因此，假设4得到了部分支持（见表4）。

表4 创业创造力通过绿色识别对绿色创业意愿的间接影响

绿色自我认同	创业创造力×绿色自我认同通过绿色识别对绿色创业意愿的间接影响			
	B	SE	Boot LCI	Boot UCI
−1 SD	−0.022	0.05	−0.11	0.03
+1 SD	0.24**	0.04	0.15	0.32

注：**表示 p<0.01。

（三）绿色推脱机制的假设检验

表5显示了以绿色推脱为中介的分层多元回归结果。为了避免干扰，我们将年龄、性别、教育程度、工作任期、自我效能和社会资本作为控制变量。与假设5一致，模型1表明创业创造力与绿色推脱呈正相关（B = 0.36，SE = 0.06，p<0.01）。模型4的结果支持假设6，表明绿色推脱与绿色创业意愿呈负相关（B=−0.49，SE=0.05，p<0.01）。此外，模型2预测创业创造力和绿色自我认同之间的交互效应与绿色推脱显著相关（B=−0.36，SE=0.06，p<0.01）。此外，我们还进行了一项简单斜率检验，以验证绿色自我认同的调节效应及其作用方向。图3表明，当绿色自我认同感低时，高创造力与高绿色推脱显著相关（斜率=0.81，t=7.40，p<0.01），但当绿色自我认同感高时，高创造力与低绿色推脱不显著相关（斜率=0.12，t=1.33，p=0.18）。因此，假设7得到了部分支持。

表5　以绿色推脱为中介的分层回归分析

| 变量 | 因变量=绿色推脱 | | | | 因变量=绿色创业意愿 | | | |
| | 模型1 | | 模型2 | | 模型3 | | 模型4 | |
	B	SE	B	SE	B	SE	B	SE
（常数）	0.00	0.05	0.10*	0.05	0.00	0.05	0.00	0.05
年龄	−0.00	0.01	−0.00	0.01	−0.00	0.01	−0.00	0.01
性别	−0.06	0.10	−0.08	0.10	−0.09	0.11	−0.11	0.10
教育程度	0.02	0.11	0.07	0.11	0.04	0.12	0.05	0.11
工作任期	−0.01	0.02	−0.01	0.02	0.01	0.02	0.00	0.02
自我效能	−0.15*	0.08	−0.12	0.07	0.26**	0.08	0.17*	0.08
社会资本	−0.16*	0.08	−0.08	0.08	0.26**	0.08	0.26*	0.06
创业创造力	0.36**	0.06	0.47**	0.06	0.09	0.07	0.25**	0.06
绿色自我认同	−0.12*	0.06	−0.22**	0.06				
创业创造力×绿色自我认同			−0.36**	0.06				
绿色推脱							−0.49**	0.05

金苹果还是青苹果？创业创造力对绿色创业的影响研究

Golden Apples or Green Apples? The Effect of Entrepreneurial Creativity on Green Entrepreneurship

续表

变量	因变量=绿色推脱				因变量=绿色创业意愿			
	模型 1		模型 2		模型 3		模型 4	
	B	SE	B	SE	B	SE	B	SE
R^2	0.10		0.18		0.12		0.29	
ΔR^2	0.08		0.16		0.10		0.28	
F 值	4.94**		8.46**		6.56**		18.28**	

注：*表示 $p<0.05$，**表示 $p<0.01$。

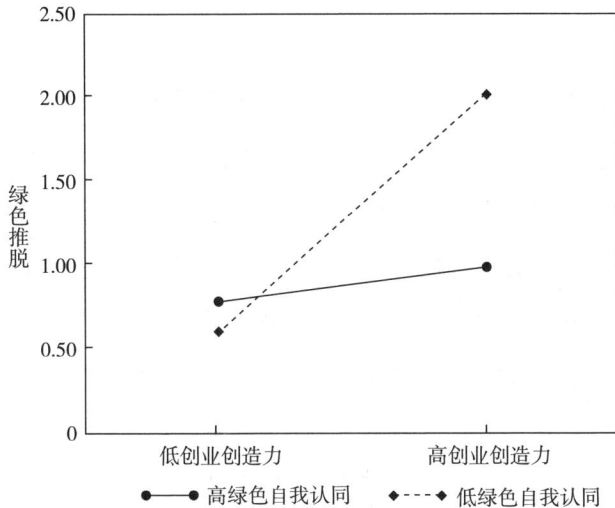

图 3 创业创造力和绿色自我认同对绿色推脱的交互作用

注：创业创造力和绿色自我认同的高水平和低水平分别代表高于和低于平均水平的1SD。

此外，我们应用 Hayes[50] 的 Process Macro 来测试创业创造力通过绿色推脱对绿色创业意愿的间接影响。结果表明，创业创造力的间接效应对低水平的绿色自我认同显著（B=−0.39，SE=0.08，p<0.01），但对于高水平的绿色自我认同来说并不显著。因此，假设 8 得到了部分支持（见表6）。

表6　创业创造力通过绿色推脱对绿色创业意愿的间接影响

绿色自我认同	创业创造力×绿色自我认同通过绿色推脱对绿色创业意愿的间接影响			
	B	SE	Boot LCI	Boot UCI
−1 SD	−0.39**	0.08	−0.57	−0.24
+1 SD	−0.06	0.05	−0.16	0.02

注：** 表示 $p<0.01$。

五、综合讨论

为了促进向低碳经济转型，从业者和学者都呼吁对绿色创业进行更广泛的研究[51,52]。通过实证分析发现，绿色识别和绿色推脱分别是促进或抑制绿色创业的两种对立机制。特别是，当绿色识别机制被激活时，企业家更有可能参与绿色创业；而当绿色推脱机制被激活时，企业家参与绿色创业的可能性会降低。这一结果为解释为什么企业家有时不愿意启动绿色创业（即成为"金苹果"），有时则愿意启动绿色创业（即成为"青苹果"）提供了理论依据。此外，我们还发现绿色自我认同是一个调节因素，它决定了企业家何时会成为"金苹果"，以及何时会成为"青苹果"。具体而言，与低绿色自我认同感的企业家相比，高绿色自我认同感的企业家更有可能参与绿色识别，因此具有更强的绿色创业意愿。相比之下，具有低绿色自我认同感的创业企业家更有可能参与绿色推脱，因此，与具有高绿色自我认同感的企业家相比，他们的绿色创业意愿更弱。

（一）理论价值

第一，本文通过分析企业家为什么及何时成为"金苹果"或"青苹果"提出了若干理论意义。换句话说，创业创造力为什么及何时影响绿色创业意愿。我们运用认知失调理论[10]揭示了绿色识别和绿色推脱对绿色创业意愿的影响机制。现有文献提出了创业对经济、社会和环境可持续发展的关键作

金苹果还是青苹果？创业创造力对绿色创业的影响研究

Golden Apples or Green Apples? The Effect of Entrepreneurial Creativity on Green Entrepreneurship

用[53,54]。我们的研究通过引入认知失调理论来扩展文献，提出了绿色创业意愿的双路径模型。具体来说，为了解决由绿色困境引发的认知失调，企业家不仅可以通过绿色识别助力绿色创业（假设4），还可以通过绿色推脱拒绝绿色创业（假设8）。通过提出双路径机制，我们加深了对绿色创业相关认知过程的理解。

第二，为了检验自我调节的观点[9,30]，我们引入了一个关键的调节因子（即绿色自我认同）来检验这两种机制是强化还是减弱的。我们认为绿色自我认同是一种个体特征，是决定自我调节过程的潜在因素[55]。结果表明，与低绿色自我认同的企业家相比，高绿色自我认同的企业家更容易进行绿色识别（假设3）。相比之下，具有低绿色自我认同感的创意企业家比具有高绿色自我认同感的企业家更有可能进行绿色推脱（假设7）。

第三，我们的研究将创造力理论扩展到绿色创业领域。现有文献广泛研究了创造力的光明面[6,12,56,57]和黑暗面[41,42]。我们的研究结果表明，创业创造力不仅与绿色识别的正面效应或光明面呈正相关，还与绿色推脱的负面效应或黑暗面呈正相关。此外，尽管本文没有提供创业创造力与绿色创业意愿直接相关的证据，但我们的研究结果证实，在一定条件下，创业创造力可以导致或强或弱的绿色创业意愿。

（二）实践价值

我们的结果有助于政府机构更准确地识别传统企业家（即"金苹果"）或绿色企业家（即"青苹果"）。具体而言，具有高绿色自我认同感的创意企业家更有可能参与绿色创业，而具有低绿色自我认同感的企业家更有可能参与传统商业创业。此外，作为自我监管的一种效果，政府机构可以提出显著的政策，帮助企业家识别绿色创业的潜在收益，例如，财政支持和优惠政策。一方面，通过这种方式，企业家将有更多机会参与绿色识别，从而提高他们的绿色创业意愿。另一方面，他们也可以利用与绿色相关的政策倡导来创造环境保护的社会氛围，提高企业家绿色推脱的精神成本，从而有利于提高他们的绿色创业意愿。

(三) 局限与未来研究

虽然本文提出了一个绿色创业意愿的双路径模型，但仍然存在一定的局限性。例如，为了尽量减少潜在干扰因素的影响，我们没有考虑任何其他个体特征（如风险偏好），这可能导致不同的绿色决策。有高风险倾向的企业家更有可能绿色创业，而有低风险倾向的企业家开展绿色创业的可能性较小，这似乎是合理的。在未来的研究中，探索绿色自我认同以外的个体特征将具有很高的研究价值。此外，在我们的工作中，自我报告的结构测量也可能导致与真实情况的一些偏差。为了提高结果的稳定性和稳健性，我们建议在未来的研究中应用现场和实验室实验。

参考文献

［1］SOOMRO B A, GHUMRO I A, SHAH N. Green entrepreneurship inclination among the younger generation: An avenue towards a green economy ［J］. Sustainable Development, 2019, 28 (4): 585-594.

［2］ALWAKID W, APARICIO S, URBANO D. Cultural antecedents of green entrepreneurship in Saudi Arabia: An institutional approach ［J］. Sustainability, 2020, 12 (9): 3673.

［3］LINNANEN L. An insider's experiences with environmental entrepreneurship ［J］. Greener Management International, 2002, 38: 71-81.

［4］WEINBERGER E, WACH D, STEPHAN U, et al. Having a creative day: Understanding entrepreneurs' daily idea generation through a recovery lens ［J］. Journal of Business Venturing, 2018, 33 (1): 1-19.

［5］BELLÒ B, MATTANA V, LOI M. The power of peers: A new look at the impact of creativity, social context and self-efficacy on entrepreneurial intentions ［J］. International Journal of Entrepreneurial Behavior & Research, 2018, 24 (1): 214-233.

［6］KUSMINTARTI A, ASDANI A, RIWAJANTI N I. The relationship between creativity, entrepreneurial attitude and entrepreneurial intention (Case study on the students of state polytechnic Malang) ［J］. International Journal of Trade and Global Markets, 2017, 10 (1): 28-36.

［7］CHEN M H, CHANG Y Y, WANG H Y, et al. Understanding creative entrepreneurs' intention to quit: The role of entrepreneurial motivation, creativity, and opportunity [J] . Entrepreneurship Research Journal, 2017, 7 (3): 1−15.

[8] TUAN L T. Environmentally − specific servant leadership and green creativity among tourism employees: Dual mediation paths [J] . Journal of Sustainable Tourism, 2019, 28 (1): 86−109.

[9] LIN H, ZENG S, MA H, et al. Does commitment to environmental self−regulation matter? An empirical examination from China [J] . Management Decision, 2015, 53 (5): 932−956.

[10] FESTINGER L. A theory of cognitive dissonance [M] . Stanford, CA: Stanford University Press, 1957.

[11] RODRIGUES A P, JORGE F E, PIRES C A, et al. The contribution of emotional intelligence and spirituality in understanding creativity and entrepreneurial intention of higher education students [J] . Education and Training, 2019, 61 (7/8): 870−894.

[12] IP C Y, LIANG C, WU S C, et al. Enhancing social entrepreneurial intentions through entrepreneurial creativity: A comparative study between Taiwan and Hong Kong [J] . Creativity Research Journal, 2018, 30 (2): 132−142.

[13] ZAMPETAKIS L A. The role of creativity and proactivity on perceived entrepreneurial desirability [J] . Thinking Skills and Creativity, 2008, 3 (2): 154−162.

[14] CHEN M−H, TSENG M, TENG M−J. Creative entrepreneurs' well−being, opportunity recognition and absorptive capacity: Self−determination theory perspective [J] . Entrepreneurship Research Journal, 2020, 10 (1): 1−15.

[15] AMABILE T M. Entrepreneurial creativity through motivational synergy [J] . The Journal of Creative Behavior, 1997, 31 (1): 18−26.

[16] CHUNG S, LEE K Y, CHOI J. Exploring digital creativity in the workspace: The role of enterprise mobile applications on perceived job performance and creativity [J] . Computers in Human Behavior, 2015, 42: 93−109.

[17] GUILDFORD J P. Creativity: Yesterday, today and tomorrow. [J] . The Journal of Creative Behavior, 1967, 1 (1): 3−14.

[18] MAYER J, MUSSWEILER T. Suspicious spirits, flexible minds: When distrust enhances creativity [J] . Journal of Personality and Social Psychology, 2011, 101 (6): 1262−

1277.

[19] JABARZADEH Y, SARVARI R, ALGHALANDIS N A. Exploring socio-economic barriers of green entrepreneurship in Iran and their interactions using interpretive structural modeling [J]. International Journal of Industrial and Systems Engineering, 2018, 12 (3): 392-397.

[20] DEAN T J, MCMULLEN J S. Toward a theory of sustainable entrepreneurship: Reducing environmental degradation through entrepreneurial action [J]. Journal of Business Venturing, 2007, 22 (1): 50-76.

[21] PATZELT H, SHEPHERD D A. Recognizing opportunities for sustainable development [J]. Entrepreneurship Theory and Practice, 2011, 35 (4): 631-652.

[22] CHOONGO P, VAN BURG E, PAAS L, et al. Factors influencing the identification of sustainable opportunities by smes: Empirical evidence from Zambia [J]. Sustainability, 2016, 8 (1): 81.

[23] NAVE A, FRANCO M. University-firm cooperation as a way to promote sustainability practices: A sustainable entrepreneurship perspective [J]. Journal of Cleaner Production, 2019, 230: 1188-1196.

[24] NEWBERY R, LEAN J, MOIZER J, et al. Entrepreneurial identity formation during the initial entrepreneurial experience: The influence of simulation feedback and existing identity [J]. Journal of Business Research, 2018, 85: 51-59.

[25] NOH M J. A study on the moderating effect of green recognition in the purchase of green it products [J]. Korean Business Education Review, 2010, 61: 249-278.

[26] JEONG M, ZO H, LEE C H, et al. Feeling displeasure from online social media postings: A study using cognitive dissonance theory [J]. Computers in Human Behavior, 2019, 97: 231-240.

[27] DWIVEDI Y K, SHAREEF M A, MUKERJI B, et al. Involvement in emergency supply chain for disaster management: A cognitive dissonance perspective [J]. International Journal of Production Research, 2017, 56 (21): 6758-6773.

[28] BAO J, ZHOU X, CHEN Y. Entrepreneurial passion and behaviors: Opportunity recognition as a mediator [J]. Social Behavior and Personality: An International Journal, 2017, 45 (7): 1211-1220.

［29］ SHAHAB Y, YE C, ARBIZU A D, et al. Entrepreneurial self-efficacy and intention: Do entrepreneurial creativity and education matter? ［J］. International Journal of Entrepreneurial Behavior & Research, 2019, 25（2）: 259-280.

［30］ GIULIANO G, LINDER A. Motivations for self-regulation: The clean air action plan ［J］. Energy Policy, 2013, 59: 513-522.

［31］ BARBAROSSA C, DE PELSMACKER P, MOONS I. Personal values, green self-identity and electric car adoption ［J］. Ecological Economics, 2017, 140: 190-200.

［32］ TUNG T, KOENIG H F, CHEN H-L. Effects of green self-identity and cognitive and affective involvement on patronage intention in eco-friendly apparel consumption: A gender comparison ［J］. Sustainability, 2017, 9（11）: 1977.

［33］ WHITMARSH L, O'NEILL S. Green identity, green living? The role of pro-environmental self-identity in determining consistency across diverse pro-environmental behaviours ［J］. Journal of Environmental Psychology, 2010, 30（3）: 305-314.

［34］ MANNETTI L, PIERRO A, LIVI S. Recycling: Planned and self-expressive behaviour ［J］. Journal of Environmental Psychology, 2004, 24（2）: 227-236.

［35］ MAZAR N, AMIR O, ARIELY D. The dishonesty of honest people: A theory of self-concept maintenance ［J］. Journal of Marketing Research, 2008, 45（6）: 633-644.

［36］ SAVARY J, DHAR R. The uncertain self: How self-concept structure affects subscription choice ［J］. Journal of Consumer Research, 2019, 46（5）: 887-903.

［37］ DETERT J R, TREVINO L K, SWEITZER V L. Moral disengagement in ethical decision making: A study of antecedents and outcomes ［J］. Journal of Applied Psychology, 2008, 93（2）: 374-391.

［38］ STOLL-KLEEMANN S, O'RIORDAN T. Revisiting the psychology of denial concerning low-carbon behaviors: From moral disengagement to generating social change ［J］. Sustainability, 2020, 12（3）: 935.

［39］ GAYO M. Exploring cultural disengagement: The example of chile ［J］. Cultural Sociology, 2017, 11（4）: 468-488.

［40］ CHENG T, LIU S. Service cynicism: How civic disengagement develops ［J］. Politics & Society, 2018, 46（1）: 101-129.

［41］KEEM S, SHALLEY C E, KIM E, et al. Are creative individuals' bad apples? A dual pathway model of unethical behavior［J］. Journal of Applied Psychology, 2018, 103（4）: 416-431.

［42］MAI K M, ELLIS A P, WELSH D T. The gray side of creativity: Exploring the role of activation in the link between creative personality and unethical behavior［J］. Journal of Experimental Social Psychology, 2015, 60: 76-85.

［43］VASQUEZ K, OSWALD D L, HAMMER A. Being dishonest about our prejudices: Moral dissonance and self-justification［J］. Ethics & Behavior, 2019, 29（5）: 382-404.

［44］CHIA C C, LIANG C. Influence of creativity and social capital on the entrepreneurial intention of tourism students［J］. Journal of Entrepreneurship, Management and Innovation, 2016, 12（2）: 151-167.

［45］CHEN Y S. Green organizational identity: Sources and consequence［J］. Management Decision, 2011, 49（3）: 384-404.

［46］OZGEN E, BARON R A. Social sources of information in opportunity recognition: Effects of mentors, industry networks, and professional forums［J］. Journal of Business Venturing, 2007, 22（2）: 174-192.

［47］MOORE C, DETERT J R, TREVIÑO L K, et al. Why employees do bad things: Moral disengagement and unethical organizational behavior.［J］. Personnel Psychology, 2012, 65（1）: 1-48.

［48］WANG J H, CHANG C C, YAO S N, et al. The contribution of self-efficacy to the relationship between personality traits and entrepreneurial intention［J］. Higher Education, 2015, 72（2）: 209-224.

［49］WILLIAMS D. On and off the' net: Scales for social capital in an online era［J］. Journal of Computer-mediated Communication, 2006, 11（2）: 593-628.

［50］HAYES A F. Process: A versatile computational tool for observed variable mediation, moderation, and conditional process modeling［M］. New York: Guildford Press, 2012.

［51］MRKAJIC B, MURTINU S, SCALERA V G. Is green the new gold? Venture capital and green entrepreneurship［J］. Small Business Economics, 2017, 52（4）: 929-950.

［52］DEMIREL P, LI Q C, RENTOCCHINI F, et al. Born to be green: New insights into

金苹果还是青苹果？创业创造力对绿色创业的影响研究

Golden Apples or Green Apples? The Effect of Entrepreneurial Creativity on Green Entrepreneurship

the economics and management of green entrepreneurship ［J］. Small business Economics, 2017, 52 (4): 759-771.

［53］ APOSTOLOPOULOS N, AL-DAJANI H, HOLT D, et al. Entrepreneurship and the sustainable development goals ［J］. Entrepreneurship and the Sustainable Development Goals, 2018, 8: 1-7.

［54］ LIARGOVAS P, APOSTOLOPOULOS N, PAPPAS I, et al. Smes and green growth: The effectiveness of support mechanisms and initiatives matters ［A］// Green economy in the western Balkans ［M］. Emerald Publishing Limited, 2017.

［55］ HOFER J, BUSCH H, KäRTNER J. Self-regulation and well-being: The influence of identity and motives ［J］. European Journal of Personality, 2011, 25 (3): 211-224.

［56］ OMRI W, BECUWE A, RANDERSON K. Unravelling the link between creativity and individual entrepreneurial behaviour: The moderating role of Islamic work ethics ［J］. International Journal of Entrepreneurship and Small Business, 2017, 30 (4): 567-589.

［57］ BIRAGLIA A, KADILE V. The role of entrepreneurial passion and creativity in developing entrepreneurial intentions: Insights from American homebrewers ［J］. Journal of Small Business Management, 2017, 55 (1): 170-188.

Golden Apples or Green Apples? The Effect of Entrepreneurial Creativity on Green Entrepreneurship

Hui Jiang, Suli Wang, Lu Wang, Gang Li

Abstract: Entrepreneurs with high creativity (i. e. , golden apples) are easy to find, but entrepreneurs with green entrepreneurial intention (i. e. , green apples) are rare. To explain this phenomenon, we first introduce cognitive dissonance theory to demonstrate how entrepreneurial creativity influences green entrepreneurship through two parallel mechanisms—green recognition and green disengagement. Moreover, we propose green self-identity as a moderator to predict when the relationships between entrepreneurial creativity and these two mechanisms are intensified or attenuated. Through an empirical study, we surveyed 362 entrepreneurs from a local entrepreneurship association in eastern China. The results showed that entrepreneurial creativity is positively associated with both green recognition and green disengagement. While green recognition strengthens green entrepreneurial intention, green disengagement weakens green entrepreneurial intention. More importantly, creative entrepreneurs with high green self-identity are more likely to engage in green recognition and, thus, promote green entrepreneurial intention. By contrast, creative entrepreneurs with low green self-identity are more willing to engage in green disengagement and, thus, inhibit green entrepreneurial intention. Finally, we discuss the theoretical and practical implications of these findings for both entrepreneurial creativity and green entrepreneurship.

Key words：Entrepreneurial creativity；Green recognition；Green disengagement；Green self-identity；Green entrepreneurship

附　录

表 A1　创业创造力量表的项目

因素/项目
1. I can plan innovative entrepreneurial activities.
2. I can plan entrepreneurial activities with my characteristics.
3. I can plan stimulating entrepreneurial activities.
4. Entrepreneurial activities that I plan are ingenious.
5. Entrepreneurial activities that I plan are unique.
6. Entrepreneurial activities that I plan are to guide the market.
7. I understand customers' needs.
8. I adapt practices flexibly to the changes.

金苹果还是青苹果？创业创造力对绿色创业的影响研究

Golden Apples or Green Apples? The Effect of Entrepreneurial Creativity on Green Entrepreneurship

续表

因素/项目
9. I consider preferences in the consumer market.
10. Entrepreneurial activities that I plan are to meet customers' goals.
11. Entrepreneurial activities that I plan can be adapted to different situations.
12. Entrepreneurial activities that I plan are recognized in the consumer market.

表 A2 绿色自我认同量表的项目

因素/项目
1. I have a strong sense of environmental management and protection.
2. I have a sense of pride in my environmental goals and missions.
3. I have carved out a significant position with respect to environmental management and protection.
4. I have formulated a well-defined set of environmental goals and missions.
5. I am knowledgeable about local environmental traditions and cultures.
6. I identify strongly with others' actions with respect to environmental management and protection.

表 A3 绿色识别量表的项目

因素/项目
1. I can recognize new venture opportunities in environmental protection industries.
2. I frequently identify ideas that can be converted into new products or services in environmental protection industries.
3. I generally lack green ideas that may materialize into profitable enterprises. (reverse)
4. I frequently identify opportunities to start-up new businesses in environmental protection industries.
5. I enjoy thinking about new ways of doing green businesses.
6. I think of many ideas for new green activities in the past month.

表 A4 绿色推脱量表的项目

因素/项目
1. It is okay for environmentalists to spread rumors to protect the environment.
2. It's okay for environmentalists to gloss over specific facts to make the environmental point.

续表

因素/项目
3. Compared to other things not friendly to the environment people do, littering isn't worth worrying.
4. You can't blame people for environmental damage if that's what they were taught to do by their leaders.
5. In contexts where nobody protects the environment, there's no reason to.
6. It's okay for environmentalists to tell small lies when doing a work report of environmental protection because no one gets hurt.
7. It's okay to treat badly somebody who behaves environmentally unfriendly.
8. Non-environmentalists who get mistreated have usually done something to bring it on themselves.

表 A5　绿色创业意愿量表的项目

因素/项目
1. I will do anything to become a green entrepreneur.
2. My professional goal is to become a green entrepreneur.
3. I will make every effort to establish and operate my own green business.
4. I am seriously considering starting a green business.
5. I am determined to become a professional green business manager.
6. I am committed to developing my green business into a high-growth enterprise.

表 A6　自我效能量表的项目

因素/项目
1. I can achieve most goals that I set for myself.
2. When working on challenging tasks, I am sure that I will complete them.
3. I can achieve outcomes that are important to me.
4. I believe that I can succeed in most endeavors that I focus on.
5. I can successfully overcome many challenges.
6. I am confident that I can perform effectively in various tasks.
7. Compared with other people, I can perform effectively in most tasks.
8. I can perform effectively in difficult situations.

表 A7　社会资本量表的项目

因素/项目
1. There are several people I trust to help solve my problems.
2. There is someone I can turn to for advice about making very important decisions.
3. There is no one that I feel comfortable talking to about intimate personal problems.（reversed）
4. When I feel lonely, there are several people I can talk to.
5. If I needed an emergency loan of MYM500, I know someone I can turn to.
6. The people I interact with online/offline would put their reputation on the line for me.
7. The people I interact with would be good job references for me.
8. The people I interact with would share their last dollar with me.
9. I do not know people well enough to get them to do anything significant.（reversed）
10. The people I interact with online/offline would help me fight an injustice.

创意管理评论 · 第7卷

CREATIVE MANAGEMENT REVIEW, Volume 7

创意管理动态

Creative Management Trends

大众创意时代：发挥创意管理的赋能作用

◎ 杨洪涛　胡亚美*

摘要：为推动创意管理理论研究与教学的发展，发挥创意对企业创新管理、创业管理，以及非物质文化遗产管理等领域的赋能作用，华侨大学、中国技术经济学会技术创新创业分会及国际创意管理专委会共同主办，华侨大学工商管理学院与华侨华人企业研究中心承办了"第四届国际创意管理专委会年会"。本届年会以"创意、创新、创业"为主题，结合"创造新动能、高质量发展、文化复兴、乡村振兴"等国家重大发展战略，关注高科技背景与国潮回归趋势的双元管理情境，聚焦工商企业的创意、创新、创业管理议题，探讨工商企业创意管理理论与方法、创意管理对企业创新与创业的赋能、相关创意产业发展转型等内容。本届年会的演讲嘉宾，分享了自身在创意管理及相关领域所取得的研究成果及对创意管理理论未来发展的认知与思考，为大家奉献了一场学术盛宴。

关键词：创意管理；创新；创业

---

* 杨洪涛，华侨大学工商管理学院教授，研究方向：现代创意营销与经营管理方法、创业管理与创新创业环境优化等，电子邮箱：yht@hqu.edu.cn；胡亚美，华侨大学工商管理学院博士研究生，研究方向：海外华侨华人回国创业。

　　自 2019 年 12 月，国际创意管理专委会在清华大学宣布成立并举办了首届年会，国际创意管理专委会便成为会聚创意管理精英学者与前瞻性研究成果的最重要学术组织。专委会又分别于 2020 年 11 月与 2021 年 11 月在同济大学线上平台与重庆大学线上线下平台成功举办了第二届、第三届国际创意管理专委会年会。第四届国际创意管理专委会年会由华侨大学、中国技术经济学会技术创新创业分会及国际创意管理专委会共同主办，华侨大学工商管理学院与华侨华人企业研究中心承办，并于 2022 年 4 月 16 日采用线上的方式在华侨大学隆重举行。大会开幕式由华侨大学工商管理学院常务副院长衣长军主持，吴剑平校长、雷家骕理事长、杨永忠主任先后致辞。杨洪涛、解学芳、刘洪伟、周飞、罗进辉、谢明宏、王立新、刘志彬先后担任了年会论坛的主持人，吴承忠、韩春佳等对大会分论坛演讲嘉宾的汇报做了精彩点评。

　　本次年会论坛主题包括工商企业创意管理理论与方法、创意管理对企业创新管理的赋能、创意管理对创业管理的赋能、相关创意产业发展转型、非物质文化遗产创意管理、创意管理案例与教学创新、创意管理系列教材研讨会七个方面。来自清华大学、北京大学、伦敦大学、香港城市大学、台湾文藻外语大学、台湾实践大学、四川大学、同济大学、吉林大学、厦门大学、重庆大学、上海交通大学、中国科学院大学、苏州大学、西南大学、对外经济贸易大学、华东政法大学、湘潭大学、西北民族大学及华侨大学等 30 多所境内外知名高校的学者、相关行业领域专家，以及国内知名出版社编辑等共 46 位嘉宾在本届年会发表了演讲，超过 1000 人在 B 站观看了会议直播。本届年会的演讲嘉宾分享了自身在创意管理及相关领域所取得的研究成果及对创意管理理论未来发展的认知与思考，明确了完善工商企业创意管理理论与方法的重要性和发展动力，揭示了创意管理赋能企业创新管理、创业管理、非物质文化遗产管理的机制及其在推动其他产业发展方面的重要作用。此外，创意管理案例与教学创新也应不断适应现实发展的需要，由清华大学出版社出版的国内第一套新文科教材创意管理系列也在此次年会正式推出。

一、工商企业创意管理理论与方法

中国技术经济学会技术创新创业分会联执理事长雷家骕在致辞中指出，创意就是独特的、前无先例的，甚至史无前例的新的想法、构想、idea。中国经济正由高速增长转向高质量发展，要发展得更好就需要创新创业，而创意也是创新创业的源泉，对中国经济的高质量发展很有意义。在会议主题论坛发言时，他进一步阐释了创意的释义、特征与重要性，并以创意的技法为例，如心智图法、曼陀罗法、分和法等，强调促进创意理论发展及加强创意方法教育的重要性。创意推动创新创业才能形成"差异"，起步时对团队形成凝聚力，产品上市后在市场上形成"竞争力"。基于此，要为创新创业带来创造"创意"，包括技术创意、产品创意、业务或产品制造流程创意、商业模式创意等。

国际创意管理专委会主任杨永忠在致辞中指出，如今全球管理正处于大变革的前夜，而当代管理理论是以工业时代为背景、以技术创新为取向发展起来的。后工业时代发生了重要变革，新当代管理理论有待创造性地建立。新当代管理理论面对的一个重要事实是，文化要素成为经济增长新的要素，源于文化并通过创意而形成的文化资本，正成为经济增长新的驱动力。新当代管理理论的一个重要内容，就是创意管理学的形成与发展。创意，通过有效的管理，变得更加有力。在会议主题论坛发言时，他进一步指出，社会、阶层、创意模式等方面的变迁昭示着大众创意时代的来临。不同于农业经济时代、工业经济时代、信息经济时代的创业，大众创意时代具有自身"光环"的创业方式，其集中体现在身份创业，身份创业是文化创业的进一步延伸。以创意为驱动的商业创新，反映在文化滴漏模型、文化机遇模型、名人文化模型和铜钱模型。面对百年未有之大变局，应对不确定的创意管理，核心是构建"负能力"。

香港城市大学孙洪义指出，中华传统文化对科技发展到底是阻力还是助力一直是科学技术史领域一个备受关注的研究题目，也是当今创意创新创业教育和管理领域的一个非常现实的研究题目。创意创新创业教育和管理应该同中国具体实际相结合，同中华优秀传统文化相结合。根据自身 30 年的研究体会和教学实践，他构建了创意创新创业的 6Pi 过程模型，即发现问题（Problem）、充分准备（Preparation）、深入思考（Ponderation）、提出创意方案（Proposal）、评估调整（Pivot）和实施计划（Plan），然后把 6Pi 模型与心学致良知五个维度（五良业）和理学格物致知笃学"五之道"对接，实现与传统文化的有机结合。他根据以往的教研成果总结出一套以中国传统文化 ABCD 极简史和 PPTA 道统体系为基础的中华心学 U 模式（The U Model of Mind）。U 模式同时还提供了一套创意创新创业人才培养和教育的实操路线图，包括"降伏其心宁静致远，契入本心增智启慧，不忘初心创新创业"三个阶段不同方法和智慧的教育与培养。U 模式和 6Pi 模型不仅实现了创意创新创业与传统文化的有机结合，也从三创的角度和民族复兴的高度发掘和传承中华传统文化的高深智慧，实现了内外合一、知行合一、中外合一和三教融合。

二、创意管理对企业创新管理的赋能

厦门大学管理学院教授罗进辉指出，亲清政商关系本质上是有为政府与有效市场的辩证统一，民营企业的创新创业需要亲清政商关系提供最为基础性的制度保障。一方面，民营企业创新创业的前提是产权保护和企业家生命财产的安全。从有为政府来看，政商关系亲清化是给政府划定"可为"和"不可为"的清晰界限，将政府的公共权力放在阳光下行使，发挥"有形之手"的积极作用。另一方面，民营企业创新创业的原动力来自市场竞争和市场淘汰机制。从有效市场来看，政商关系亲清化是使市场在资源配置中发挥决定性作用，减少无效的行政干预，畅通市场的优胜劣汰机制，使民营企业把稀缺资源配置在市场战略上，发挥市场"无形之手"的引导作用。

华侨大学工商管理学院教授杨洪涛提出，新冠肺炎疫情常态化下，企业要想领先于同行，应该充分运用数字创意营销创新，即需要寻找在数字营销环境中品牌、产品、渠道和营销推广的创意优化解决方案，从而达到营销制胜的目的。具体而言，首先，IP 是品牌的解决方案，能够为品牌塑造势能，形成话题能力；其次，场景是产品的解决方案，能够将产品链接到用户，做好用户拉新和用户留存；再次，商业模式是渠道的解决方案，能够创造足够的吸引力，达到用户自发推动的作用；最后，社会化媒体是营销推广的解决方案，能够帮助吸引、承载粉丝，实现深度的互动。

中国科学院大学公共政策与管理学院教授刘云在详细阐述党的十九届五中全会以来党中央确立的面向 2035 年的科技创新战略定位、目标和重点的基础上，分析了新时代我国科技创新面临的形势与挑战，提出"十四五"科技创新战略思考。针对如何提高我国现代科技创新服务能力，他介绍了两个典型成果：国家重点研发计划项目"科技成果知识产权育成与产权交易服务标准化"成果及示范应用情况，"数字化改革引领科创产业高质量发展综合解决方案"。他指出培育和提升企业自主创新能力需要具备清晰的企业创新战略和强大的动态竞争力、完备的企业创新体系，以及适应科技革命和产业变革的动态能力（开放创新、创新生态、全球创新）等多项条件。

华侨大学工商管理学院副教授谢安晋从"老年人居家照护服务创新方法"的角度出发，通过集成服务蓝图、失效模式影响分析（FMEA）、模糊方法和创新问题解决理论（TRIZ）构建了一个结构化设计决策模型。在老年人居家照护"服务流程分析"阶段，使用服务蓝图来分析服务流程中潜在的服务故障点；在"服务故障诊断"阶段，利用 FMEA 对服务失误模型可能的原因和影响进行诊断并根据计算出的综合风险优先数（RPN）和模糊数对服务失效模型进行优先级排序；在"创新原理生成"阶段，利用 TRIZ 矩阵生成创新原理；在"创新方案概念化"阶段，则利用 TRIZ 的创新原理为新的服务设计方案提供新的解决思路。

厦门市第五医院副主任医师、副院长张轶指出，在未来，医学装备产业的数字化转型将向以临床业务为核心的智慧医疗、以标准高效为目标的智慧管理和以患者为中心的智慧服务三大应用方面继续纵深发展。医学装备承载了现代科学技术最新成果，是前沿学科的重要引擎，是推动医理、医工交叉学科发展的创新动力和源泉，是引领医学模式转变的变革性力量。

三、创意管理对创业管理的赋能

吉林大学商学与管理学院教授葛宝山以大变局下的数字经济为背景，基于企业创业实践，结合创业理论、隐形冠军理论和战略管理理论，借鉴国学中的精一思想，提出了数字经济条件下的精一创业模型，厘清了数字经济条件下的精一创业过程。他将数字经济下精一创业逻辑总结为：敏感主动，发挥优势；整合资源，创建平台；网络合作，利益共享；坚持不懈，精一求精；贵在互动，创造价值。同时，探究了精一创业的具体维度和测度方法，为从整合视角建构创业理论提供了参考。

苏州大学智能算法协同创新中心首席研究员禹久泓以苏州嘉影上行为例，分析了大数据算法在创意创业中的作用。基于大数据的特点和"快"的建模分析要求，分享了企业中的大数据模型构建、数据获取、数据自学习与实时分析等。在营销大数据的环节，他以头部企业嘉影上行（苏州）文化传播公司的操盘项目为引入，分享了大数据应用于企业品宣、新媒体营销给企业带来绩效迅速成长的案例。

华侨大学工商管理学院博士研究生史航宇指出，风险投资存在严重的利益冲突和信息不对称。创业投资家经常通过在与创业者交往的过程中流露出来的激情，包括热情和准备，做出投资决定。基于信号理论，他以79个创业投资家与创业者之间的项目为样本进行实证分析，考察了创业激情与创业投资家投资意愿之间的关系。结果表明，创业者的热情和准备都对创业投资家的投资意愿产生了显著的正向影响，关系资本在创业激情与创业投资家投资意愿之间起中介作用。此外，关系资本也正向调节了创业者准备与创业投资家投资意愿之间的关系。

四、相关创意产业发展转型

同济大学人文学院教授解学芳详细阐述了数智时代数字文化产业发展新图景。她指出，进入全新的 AI、5G、区块链等集聚的数智时代，数字文化产业呈现数字化、在线化、网络化、体验化、智能化地发展。并呈现出全球化与网络化、数据化与智能化、NFT 化与 NFC 化、数字孪生与元宇宙化等新趋向、新业态、新模式的集聚。

重庆大学美视电影学院教授王立新以在线视频产业的传统网剧视频头部平台、新兴流量品牌视频平台和短视频平台的突出代表为例，分析新冠肺炎疫情冲击下在线视频产业的发展动态，探讨当下在线视频产业的功能性转变与未来文化消费业态趋向，揭示了在线视频"脱域—再嵌入"形式的意义生产机制。

上海交通大学媒体与传播学院教授李康化指出，在"企业社会责任"的既往研究中，利益相关者模型回应一般企业应该为谁承担责任的问题；金字塔模型、三重底线模型、必尽—应尽—愿尽模型等，回应了一般企业的社会责任层次。但这些研究成果不适用于国有文化企业。国有文化企业因其国有属性和文化属性而不同于一般企业，具有以人民性为核心的基调和以文化性为价值的取向。两种属性的叠加，彰显国有文化企业必须承担三大核心责任：再生产制度和道路、提供正面文化示范和培育民族典范作品。

华东政法大学传播学院教授臧志彭基于价值链视角，对 2009~2020 年发生的世界主要国家音乐产业并购数据进行社会网络分析，发现全球音乐产业并购网络呈中心化结构与零散结构并存态势；从内容生产环节来看，全球并购网络规模虽先增后减但网络密度显著提升，美国始终占据核心地位，韩国、日本与中国从第二阶段开始确立网络中的关键地位；版权运营环节的网络密度最高，德国在第一阶段和第二阶段处于网络中心地位，第三阶段被美国取代；分发传输环节的兼并收购行为最为活跃，"一带一路"沿线国家及新兴市场国家地位逐渐上升，非洲地区也开始参与到全球并购热潮，中日韩跻身中心度排名前 10 强，成为打破美欧同盟、建构网络新格局的关键力量。他建议从国际传播能力建设战略高度进行顶层设计，以"一带一路"和非洲国家为突破口战略布局音乐产业全球价值链，以分发传输环节为着力点建构中国音乐产业全球传播新型网络体系。

西北民族大学管理学院副院长孙永龙指出，推进文化和旅游融合成为"十四五"时期的发展重点之一。近年来，民族地区通过职能融合、业态融合、产品融合、市场融合等途径，文旅融合发展取得初步成效，文化产业与旅游产业系统耦合协调度整体呈上升的发展态势，但与优质协调层级仍存在差距，融合发展水平偏低，存在不少挑战。为进一步提升文旅融合发展质量，结合民族地区发展实际，他从五个方面提出建议，分别为加强民族文化廊道建设，构建世界级文旅大品牌；"文旅+""+文旅"双向赋能，培育文旅融合新生态；建立文旅产业发展联盟，打造"专精特新"文旅融合项目；发力"科技+创意+旅游"，推动文旅数字化、创意化转型；打造文旅科教创新联盟，筑起文旅融合"人才高地"。

北京大学创新创业中心、北京随艺雅阁公司首席执行官彭莹茜以四川达州宣汉白马花田国际创客营地为例、以创意资本为视角，展示了乡村文创共生治理的在地孵化现状。以新村民（文化企业家及创意创业者）为代表的创意阶层，通过多体互利的关系契约、雁阵效应的引领和学习机制的平台作用，在品牌符号上构建共同的信仰，获得外向询唤的创生赋能。在互联网创新发展的大环境下，顺应时代要求，有效构建"乡村文创共同体"，成为新时代文创产业乡村振兴的参考模式与未来发展案例。

四川大学商学院博士研究生钟琳玲以"VR 眼镜感知质量"为研究导向，通过对受访者的半结构化访谈，结合技术感知质量（TPQ）和价值感知质量（VPQ），得到 VR 眼镜的感知质量的要素，并通过问卷调查的方式建立了感知质量属性重要性排名（PQAIR）。

五、非物质文化遗产创意管理

西南大学国家治理学院教授张海燕指出，体验经济时代，发展文化创意产业逐渐成为工业遗产活化利用的重要方式。工业遗产的创意活化对城市空间更新、城市记忆传承、场所精神塑造等具有重要的影响和作用。国内外工业文化遗产活化的核心要义是提取和利用自身文化内涵和特色，立足于公众参与，提升公众体验。因此，未来重庆工业遗产的创意活化应以体验经济为理论基础，进一步满足公众的娱乐性体验、教育性体验、逃避性体验、审美性体验及综合性体验，以此达到工业遗产的创意活化和创新传承的目标。

台湾文藻外语大学历史文化观光产业创新研究中心主任邓文龙以高雄左营城隍文化传承为例，指出其通过各种民俗、文化、观光活动，寓教于乐，具有节庆活动的趣味性与教育性，使民众体验到当地节庆的意涵，营造出体验式的情境，增强了民众对当地乡土的情感；结合经济产业与文化传承的价值，促进文化创意产业的发展，弘扬传统文化，紧跟时代发展的新趋势，对民族文化的延续与发展产生凝聚力和向心力的作用。他认为，可以引进文化表演团体、刺激与培养本地的文化表演团体，以提升节庆文化内涵与文化水平。

山西财经大学文化旅游学院博士研究生郭炎冰基于形象一致性的第三理论视角——客客一致性，通过实证分析，检验了非遗传承人/产品一致性对游客非遗产品购买意愿的影响机理，发现：非遗传承人/产品一致性正向显著影响非遗产品购买意愿；非遗传承人/产品一致性正向显著影响本真性感知；本真性感知正向显著影响个人品牌认同和社会品牌认同；个人品牌认同和社会品牌认同正向显著影响非遗产品购买意愿；本真性感知和个人品牌认同及本真性感知和社会品牌认同在非遗传承人/产品一致性和非遗产品购买意愿的关系中起到链式中介作用。

西北民族大学管理学院硕士研究生陈娓以敦煌壁画为例，在确定游客将敦煌壁画视为艺术这一前提条件下，探究文化遗产在不同类型旅游商品中的艺术注入效应。他通过实验法，证实了艺术元素的注入对于游客产品评价的提升。同时，确定了游客对艺术的兴趣为调节变量，奢侈品感知、契合度和审美体验为中介变量的艺术注入驱动因素。以此补充了艺术注入的概念范围，并拓宽了艺术注入的影响范围。他通过将艺术元素与不同类型商品的多种结合形式进行对比分析，提出文化遗产间接旅游商品化的建议，为旅游目的地商品的创意开发提供借鉴与参考。

六、创意管理案例与教学创新

大连民族大学经济管理学院硕士研究生高畅基于"一带一路"倡议的背景，以石柱县出口"植物产品"为例，基于石柱县相关年份出口贸易数据，分析了出口贸易伙伴与出口商品结构基本情况、出口优势增长指数，结合"波特菱形理论—钻石模型"研判石柱县"植物产品"出口竞争力优势。他从提升科技竞争力、产业集群精细化等方面为石柱县对外贸易发展联通"一带一路"倡议提出建议。

西华大学文学与新闻传播学院硕士研究生刘怡指出，玲娜贝儿的火速走红是一场网民参与的狂欢，它不仅体现了参与式文化中受众的积极能动性和主动创造性，还发展了参与式文本本身，使其实现了生产者与接受者之间从对立到合作的演进。在这一过程中，双方互利共赢、各取所需，创造者以更加低廉的成本创造了更加高回报的商业价值，接受者体验了创造中沉浸与互动的审美享受。玲娜贝儿的走红还与国内粉丝文化的特殊形式有关，除此之外，它还巧妙地解决了用户参与创作中一直难以逾越的版权问题。

西华大学文学与新闻传播学院硕士研究生刘显对由弗兰克·赫伯特的同名小说改编的电影《沙丘》的感官表现之"幻"、世界之"真"及"幻"与"真"的二维超越三个方面探讨，分析了奇观影视精神内核的传达及如何构建深度架构模式等问题。

广东外语外贸大学国际商务英语学院全英营销课程组长曾成以"讲好商

业故事的创意内容商业价值与新路径"为主题，选取多对国潮领导品牌与西方全球领导品牌在社交媒体上的内容进行了故事性要素的初步对比，发现其故事冲突、价值观、角色等方面创意呈现的显著差异性。因此，他认为，我国出海企业需要加强创意内容的故事性要素角度的商业价值适配，用故事性要素商业价值来指导企业创意内容路径建设，为组织多维度的品牌创意价值管理赋能。

四川大学商学院博士研究生 Joti Kumari 指出，激励能够使教师带着有助于实现阶段目标的情感工作，在教育机构中这是取得成功的关键。他通过对巴基斯坦米尔布尔哈斯的 25 所私立学校中的 204 名受访者进行问卷调查，采用偏最小二乘结构方程模型（PLS-SEM）对数据进行分析，发现自我激励、外部激励及影响教师激励的因素等对教师的绩效有着巨大的影响。因此，政府需要制定教师激励政策，并做出实际行动满足教师需求。此外，学校行政部门应提供充足的资源，以确保教学人员的学习质量和产生高绩效，从而改善教育体系。

七、创意管理系列教材研讨会

在清华大学出版社主任刘志彬主持下，本届年会同时顺利举行了创意管理系列教材研讨会，肖阳、杨永忠、冯兆、孙永龙、张庭庭、林明华、黄杰阳、郑超、韩顺法等著作者及清华大学出版社编辑围绕创意管理教材的撰写及出版等问题进行了深入讨论。

会议发布了《新文科建设教材·创意管理系列》的出版消息。据悉，《新文科建设教材·创意管理系列》是国内出版的首套新文科教材，具有极强的探索性和启发性。创意管理系列教材于 2019 年在清华大学启动，由杨永忠教授担纲丛书总主编，宣布了国内创意管理逐步从前沿研究走向研究与教学并重。历时三年，由杨永忠教授所著的《现代文化经济学》于 2022 年 4 月率先出版，拉开了国内创意管理系列教材的出版序幕。

结语

大众创意时代来临，需要充分发挥创意对各个领域的赋能作用。此次年会为创意管理及相关领域的研究人员和实践者提供了一个展示原创研究成果，向社会传播，共同为中国经济高质量发展、为中国社会健康和谐发展贡献真知的平台。创新创业是高质量发展的"第一动力"。创意是创新创业的源头，要为创新创业来创造"创意"，包括技术创意、产品创意、业务或产品制造流程创意、商业模式创意等，"没有创意，何以伟大的创新"。面对百年未有之大变局，以创意为引领的创新创业，必将迎来一个更加辉煌的时代。

第五届国际创意管理专委会年会将在上海交通大学举办。在国际创意管理专委会主任杨永忠主持的会旗交接仪式上，本届年会首席专家杨洪涛教授将会旗交接到下届年会首席专家李康化教授手中，他们共同期待下届国际创意管理专委会年会的顺利举办。

The Era of Mass Creativity: The Empowering Role of Creativity Management

Hongtao Yang, Yamei Hu

Abstract: In order to promote the development of research and teaching of creative management, and to leverage the enabling role of creativity in the areas of corporate innovation management, entrepreneurship management, and intangible cultural heritage management, The 4th Annual Conference of International Creative Management Committee was held online and co-hosted by Huaqiao University, Technology Innovation and Entrepreneurship Branch of Chinese Society of Technology Economics, and International Creative Management Committee. The School of Business Administration of Huaqiao University and the Overseas Chinese Enterprise Research Center organized the conference. With the theme of *Creativity*, *Innovation and Entrepreneurship*, combined with the national development strategies of new dynamic energy creation, high-quality development, cultural rejuvenation and rural revitalization, this year's conference centered on the dual management situation of technological development and the national tide return, focused on topics of the creativity, innovation and entrepreneurship management of business enterprises, and discussed industrial and commercial enterprises' creative management theories and methods, the empowerment role of creative management on the innovation and entrepreneurship of enterprises, and the development and transformation of related creative industries. The speakers shared their research achievements in creative management and related fields, as well as their ideas and thoughts on the future development of creative management theory, offering an academic feast for attendees.

Key words：Creative management；Innovation；Entrepreneurship

文化创意与管理创新国际研讨会会议综述

◎ 孙永龙　薛文萍　张　姚　闫美美[*]

摘要：当今社会已进入创意时代，促进文化创意产业的提速升级和高质量发展成为新时代赋予的重要使命。文化创意产业的发展离不开创新与创业，更离不开思想的交流与观点的碰撞。2021 文化创意与管理创新国际研讨会由西北民族大学在线举办。本次会议主题为"共创·共建·共享：'一带一路'创意赋能与经济社会高质量发展"，来自中国、加拿大、澳大利亚、哈萨克斯坦、韩国、印度尼西亚 6 个国家的 200 余位专家、学者通过线上方式参加了此次学术盛会。与会专家、学者从不同角度阐述了文化创意管理理论与实践，深入探讨了文化创意管理在不同学科、不同领域的发展思路。

关键词：文化创意；管理创新；乡村振兴；数字时代；民族地区

---

　* 孙永龙，西北民族大学管理学院副院长、副教授（兰州 730030；594451475@qq.com）；薛文萍，西北民族大学管理学院讲师（兰州 730030；850007169@qq.com）；张姚，西北民族大学管理学院讲师（兰州 730030；149806039@qq.com）；闫美美，西北民族大学管理学院研究生（兰州 730030；915140127@qq.com）。

一、会议概况

2021 年 10 月 30~31 日，由西北民族大学主办，西北民族大学管理学院、创意管理研究中心承办，四川大学创意管理研究所，西北民族大学国际合作交流处、科研处、发展规划与学科建设处、研究生处协办的文化创意与管理创新国际研讨会隆重召开，国际创意管理专委会为本次会议提供了支持。本次会议主题为"共创·共建·共享：'一带一路'创意赋能与经济社会高质量发展"，来自中国、加拿大、澳大利亚、哈萨克斯坦、韩国、印度尼西亚 6 个国家的200 余位专家、学者通过线上方式参加了此次学术盛会。本次研讨会由大会开幕、主题报告、平行论坛和闭幕式颁奖典礼四个环节组成，由 Colbert 教授和杨永忠教授担任大会学术委员会共同主席。

2021 年 10 月 30 日上午，该研讨会举行开幕式，由西北民族大学管理学院副院长孙永龙副教授主持。西北民族大学副校长白日霞教授，欧洲科学、艺术和人文学院外籍院士熊澄宇教授，以及国际创意管理专委会主任杨永忠教授出席开幕式并致辞。

白日霞副校长代表西北民族大学对与会的专家、学者表示欢迎和感谢，介绍了西北民族大学概况和办学特色，对培育创意管理特色研究领域提出殷切希望。《中华人民共和国国民经济和社会发展第十四个五年规划和 2035 年远景目标纲要》明确提出，繁荣发展文化事业和文化产业，提高国家文化软实力，推进社会主义文化强国建设。强化创意赋能、健全现代文化产业体系是文化强国建设的一个重要目标，也是一个时代课题。她说，2020 年，学校组建成立了"西北民族大学创意管理研究中心"，她希望通过此次盛会，促进各位专家、学者学习交流，恳请大家各抒己见、畅所欲言，把文化创意产业发展、创意管理研究推向新的高峰。

熊澄宇教授致辞。他讲到，新文科建设最重要的一点是学科融合。从古希腊到今天，从集大成到现代科学越分越细，再到现阶段，我们又一次走到了学科融合的阶段。我们看到了人文科学和社会科学的融合，也就是我们现在说的创意和管理。他希望人文科学、社会科学和自然科学等所有的学科融合完成以后，再和整个社会发展的实践融合，这是学科研究的发展方向。他说，我们不仅要做案头研究，也要做理论研究，从研究的角度来说，战略研究也好，理论研究也好，最后还是要落实到应用层面上。他希望通过我们的研究，通过大家的探讨，能够推动创意管理在全世界范围内，在实践层面上能够帮助人类社会向前发展。

杨永忠教授致辞。他讲到，最近十年，中国创意管理研究取得了跨越式突破，在学位点建设、专业会议、专业期刊、相关教材等方面成绩喜人，从创意到创意管理，从创意管理到创意管理学，实现了开创性发展，中国对创意管理学的艰辛探索为全球创意管理学的兴起与发展做出了重要贡献。特别值得一提的是，2020 年，西北民族大学创意管理研究中心宣告成立。且短短一年时间，该研究中心先后获批甘肃省陇原青年创新创业人才团队项目、国家社科基金艺术学项目等。同时，我们迎来了本次国际学术会议的召开，这充分彰显了创意管理的新生力量和蓬勃发展光芒。

开幕式结束后，François Colbert、Michael Keane、熊澄宇、金元浦、丁赛、杨洪涛、杨永忠、吴承忠、李康化、李伯一、韩春佳、臧志彭、杨毅、张劲松、王亮、涂浩瀚、邵明华、Huh Eunjin、王泽民 19 位专家先后做了主题报告，报告内容涉及艺术营销、优秀传统文化创造性转化、文化数字化战略、创意产业发展、数智时代创意管理、文旅融合、文化产业功能区、创意乡村建设等多个前沿领域。

2021 年 10 月 31 日上午，5 个分论坛同时开展，47 位青年学者在分论坛发言。与会学者围绕文化创意产业与管理理论、文化遗产与创意创新、创意旅游与产品创新、乡村振兴与创意乡村振兴建设、民族地区文化创意产业与中华民族共同体建设等主题展开了热烈讨论，李康化、臧志彭、杨毅、马建威、张劲松等 10 位专家对参评论文进行了精彩点评，取得了很好的学术交流效果。

闭幕式上，吴承忠教授代表学术委员会宣读了优秀论文名单，会议评选出了7篇优秀论文和7篇青年优秀论文，15篇论文获得提名奖。杨永忠教授和王泽民教授分别代表会议协办和主办方进行总结。杨永忠教授讲到，会议克服困难，圆满结束，收获满满，是一次非常成功的网络学术大会。会议带给了我们"三个三"。首先，三个特点：广泛性、成长性、突破性；其次，三个成果：理论成果、方法成果、思想成果；最后，三个启示：创新精神、合作态度、JUST DO IT。王泽民教授代表承办单位总结到，此次会议，文化创意与管理研究领域众多国内外顶级学者、知名专家、青年才俊们齐聚云端，隔空切磋，为我们奉献了一场精彩的学术盛宴，对与会专家、学者表示了感谢。他讲到，大会有三个特点：前沿性令人印象深刻、过程精彩纷呈、成果丰硕。

二、会议主要内容

创意管理在人文科学和社会科学的融合过程中不断发展延伸，在全球实践中的成果不断丰富充实。为全面呈现本次会议成果，笔者对此次会议的主要内容综述如下。

（一）创意管理的缘起及内涵

创意是创造意识或创新意识的建成。1755年，塞缪尔·约翰逊在《英语词典前言》中首次提出了"Creative"一词。1969年，诺贝尔经济学奖获得者赫伯特·西蒙在《人工科学》著作里首次揭示了经济学、管理学与人文科学的复杂关系，探讨了创意中的设计管理。2001年，创新管理学家科恩在 *Research Technology Management* 中指出了创新的模糊前端是创意。同年，创意经济之父霍金斯完成了著作《创意经济》。2006年，文化学者克里斯·比尔顿完成了跨界巨著《创意与管理》。2010年，霍尔特和卡梅隆合著的《文化战略》揭示了创意在文化战略中的重要性。

自进入机械化工业时代以来，人类社会从未停止对效率的渴求，但却对效率的产物——千篇一律的实用主义商品产生了厌倦，人们开始怀念起古人的才情和诗意，追求新奇、个性化的消费体验。消费者对工厂每天能生产多少台智能手机并不关心，但 Jony Ive 的设计巧思却让他们津津乐道，无论是电影业还是制造业，绝妙的创意都有着点石成金般的魔力，企业主们愿意花大价钱聘请"点子公司"或"创意热店"为他们"生产创意"。然而，被效率驱使的企业主们想要的不只是一些偶发的、零散的奇思妙想而已，他们真正需求的是一种能高效生产奇思妙想的机制。在这种背景下，创意和管理这两个原本有些矛盾的概念被捏合到了一起，从某种程度上来讲，管理工作是要去预测变化、减少变化和控制变化的，从而按照经营者的意图来执行生产计划，但创意追求的恰恰正是变化本身。二者的结合，究竟是一种制衡和让步，还是会迸发出更为积极的化学反应？

熊澄宇教授指出，创意与管理在一定程度上是相互对立的。创意追求的是唯一性、创造性和个性，而管理追求的是统一性和规则。个性和共性如何融合是近几年学术界共同探讨的问题，创意与管理一直在学科融合过程中发展。

创意管理涉及管理学、经济学、心理学、哲学、历史学、法学、科技和艺术等众多学科领域，其目标是在创意流程中，协调内外部结构性要素的功能及其之间的相互作用，从而创意出新的组织文化。广义上的创意管理，是一套控制系统与受控系统相互作用的复杂机制，目的是为创意发展创造有利的机会和条件，从而使组织达成有效的成果[1]。杨永忠[2] 教授认为，创意管理具有产品的新奇、生产的合作创作、消费的文化身份、价格的社会网络及空间的体验五大特征。

（二）创意管理理论与方法

杨永忠教授认为，数智技术的发展在影响着创意管理的发展方向和创意管理学的形成方向，主要表现在四个方面：①数字智能提供了新的管理基础。人员、机器和物料生产要素，在数智背景下转变为人工、智能和数据采集，以此展开新的创意管理和创意管理机制的研究。以 Tik Tok 为例指出，文化产业的核心竞争力来源于喜闻乐见的内容，而内容的产生机制为：友好算法—机器学习—推荐机制—优秀创作者—喜闻乐见的内容。②数字智能提供了新的管理思想：自治、友好、互通、分享。以元宇宙为例，基于数智化构建了一个新世界。③数字智能提供了新的管理方法。从传统的人本、目标、科学、系统方法，数智化使资源数智化、资产数智化、设计数智化、生产数智化、推广数智化和消费数智化。以洛可可为例，为创意管理打开新的空间。④数字智能提供了新的商业模式。数智化催生新的价值创造方式。以 NFT 为例，基于数智化创建了新的商业模式。总而言之，数智背景下我们将迎来创意管理新时代，创意管理是看见看不见的好，新创意管理时代将是更好地看见看不见的好。

韩春佳副教授以企业开放创新作为切入点，认为企业开放创新不仅要从企业内部获取资源，更要从企业外部获取资源，包括企业竞争对手、科研院所、企业顾客/用户等，其中企业顾客/用户是企业开放创新非常重要的源泉。在线用户创新平台上用户行为数据具有样本量大等特征。这些特征符合大数据的4V 特征：规模性（Volume）、高速性（Velocity）、准确性（Veracity）和多样性（Variety）。通过一系列具体案例，他论述了数字化时代大数据应用为创意管理实证研究提供了丰富的素材，改变人文社会科学的研究范式。目前，包括创意管理在内的管理学研究正处于从传统调查问卷等数据收集方式向大数据应用的变革，以及从构建假设、回归分析等研究方法向机器学习应用的变革。

文化产业的蓬勃发展使"创意"的马车套上"管理"的缰绳成为现实可能和实际需要，是"创意管理"让"创意"真正成为"产业"。文化创意产业是一种在经济全球化背景下产生的以创造力为核心的新兴产业，强调一种主体文化或文化因素依靠个人（团队）通过技术、创意和产业化的方式开发、营销知识产权的行业。熊澄宇教授讲述了文化创意产业三种国际分类标准：①联合国教科文组织（UNISO）内容产业模式——创作、生产、销售内容的产业。这些内容一般受到版权的保护，并以产品或服务的形态出现；②世界知识产权组织（WIPO）版权产业模式——核心版权行业、交叉版权产业、部分版权产业；③联合国贸易发展会议（UNCTAD）创意产业模式——被划分为四大组别：文化遗产、艺术、媒体与功能创意，又被细分为九个子群：传统文化表现形式、文化场所、视觉艺术、表演艺术、出版和印刷媒体、视听产业、设计、新媒体、创意服务。

Michael Keane 教授认为，数字革命改变人类传统的交流方式，数字革命延伸出跨学科的交流融合，未来越来越多的人会被卷入数字时代发展历程中，但人类的创造力仍是核心因素。熊澄宇教授进一步探讨了国家文化数字化战略发展进程，认为文化数字化战略的主要特征是基于计算机处理技术平台、作用于人的全部感官界面、具有知识产权属性的数据和推动经济社会发展的行为，其基本架构包括基础层、平台层、功能层和生态层。文化数字化战略要从技术更迭、消费需求的功能属性回归到社会发展、人民幸福的目标定位。数字文化产业的未来发展要以内容为主，技术为内容服务；平台服务要遵循开放兼容先于垄断闭合；尊重规律，节制资本过度干预创作；调整评估，实现产城融合取代产业集聚。

文化产业以生产和提供精神产品为主要活动，以满足人们的文化需要作为目标，是指文化意义本身的创作与销售，与文化创意产业既相互联系又有差异。吴承忠教授对文化产业的实践，即文化产业功能区在我国发展状况，进行了深刻分析。文化产业功能区是在政府主导规划下设立的产业发展政策性区域，其目的在于发展区域性特色文化产业集群、保存文化遗产、弘扬民族文化和区域文化、彰显城市文化品格，促进产城融合，文化和市民、社区融合，有助于建设文化城市和休闲城市，提升城市居民生活品质。文化产业功能区和文化产业园区具有一定层级关系，但实践中我国文化产业功能区建设存在文化产业园区规模化扩散化误区。目前，我国文化产业功能区发展存在管理松散、功能区的功能建设滞后、政策创新不足等问题，因此我国文化产业功能区实践仍处于摸索阶段和发展初期。

金元浦教授指出，目前我国文化创意产业进入发展新阶段。文化创意产业曾经历了一个粗放型、"铺摊子"、一哄而上的发展阶段，经历了一个产业转型、内部洗牌、升级换代的阶段，目前正开始向高质量、高层次、精细化发展模式转换，需进一步将文化与高科技融合为一，将传统文创与数字化融合为一，将公共文化服务与文化经济融合为一，将创意设计与装备制造业、消费品业、信息业、建筑业等大多数行业实现跨界融合。可以确信，在"十四五"

乃至 2035 文化强国建设时期，文化创意产业在国民经济和社会发展中将处于更加重要和突出的地位。我国文化创意产业正在形成"双线交错"和"三级结构"的新格局。双线交错包括线下实体产业的支撑和线上各种科技数字化的支撑与提升；梯形三级结构的新格局是文化创意新航母发展模态、创意企业大发展的独角兽模态和培育千百万创客的满天星斗模态，这一梯形结构的核心和关键还是文化创意头部企业群的领军模态。IP 化的产业链、元宇宙和区块链是我国文化创意产业的三种新形态。

回归文化层面，文化是指人类在社会实践过程中所获得的物质、精神的生产能力和创造的物质、精神财富的总和。李伯一研究员研究发现，文化的社会功能属性并不是与生俱来的，文化价值是从一个有关个体的概念，变成一个社会的概念或者解决社会问题的功用概念。当代的文化价值是对其与市场、资本、公共服务、政治目标等政治经济结构进行精准对接管理的基础上再定义的二级概念。文化具有五类不同维度的形态：可视可触的物质符号体系、可知可感的精神价值体系、规范行为的社会制度体系、地域特征的社会文化形态和科学生产力与文化生产力。

（三）文化创意管理实践

文化创意产业在实践中与多个领域融合发展，迸发出更强的生命力和价值，催生了"创意+"的管理研究。本次会议研讨内容主要涉及文化艺术与创意创新、乡村振兴与创意乡村建设、民族地区文化创意产业与中华民族共同体建设等方面。

1. 文化艺术与创意创新

François Colbert 教授从艺术文化市场营销学角度分析了艺术购买—再购买的逻辑网络。第一，从艺术体验部分介绍了核心体验、服务体验及社交体验。第二，消费者参与认知、情感和想象的过程适当赋予了艺术产品的意义，导致拨付的过程，同时剧院的价值反映在服务环境的质量、亲社会的价值观，以及演出本身。艺术家是核心产品的供应商，完成共创的三个要素是消费者（接受、解读和讨论艺术作品）、博物馆的组织（收集），以及保存和展览/教育艺术作品。艺术产品、服务质量、社会体验影响情感，进而影响价值、产品涉入、愉悦感唤起，以及信任和承诺。通过信任和承诺，消费者将会产生愉悦，愉悦即超出客户的期望。然后，消费者在愉悦和消费者重购的关系中受到对不满意的容忍度的影响。社会体验、服务或节目本身都会影响对不满意的容忍度。当消费者不断出现重购行为后，消费者忠诚度：慢慢形成。

李康化教授针对文化爆品打造的商业逻辑特征进行分析。第一，介绍新品、爆款的底层逻辑和爆品打造的顶层设计。新品爆款具备经济红利、流量红利、国货红利和消费红利四大红利。经济红利包括综合国力的崛起、数字经济规模的壮大、互联网用户规模庞大及数字技术赋能文化产业；流量红利包括新时代、新沟通渠道的建立，全流量发展，新媒体矩阵，短视频爆发等；国货红利包括国风崛起和国货计划；消费红利是指 Z 时代已成为消费主力军，实现了由功能消费向颜值消费的转变。这些因素为新品爆款的产生提供了有利环境。爆品打造的顶层设计主要从爆品类（选赛道）、爆卖点（独特性）、爆渠道和爆传播四个方面着手，针对 Z 时代消费市场的需求及特征开展营销设计。第二，在此基础上，分析了新品牌与传统品牌的发展路径、创新方式、传播方式差异性。他指出，在数字经济时代，消费者并不是不需要品牌，而是品牌对消费者的价值机制发生变化，导致品牌发展模式的改变。品牌的个性化情感功能更突出、情感域更深化。爆品的战略核心在于品牌环境的认知，即渠道资源在实现产品市场覆盖中的作用在弱化；媒体资源在实现产品信息覆盖中的作用在弱化；标准化的营销策略走向动态化、场景化和社群化，全产业链的数字生态赋能品牌链接平台、用户和供应链。

臧志彭教授探讨了全球影视产业跨国并购网络结构与演化规律。随着经济全球化和贸易自由化程度的不断加深，跨国并购已成为影视文化业完善产业链条、适应技术变革、优化业务结构，以及参与国际市场竞争的重要方式，而并购涉及收购方与标的方企业所在的城市与国家，其间的频繁互动也就形成了空间地理上结构化的网络。他运用社会网络分析，以 Zephyr 数据库中 1997～2019 年 5111 起影视产业跨国并购项目为样本，并将样本区间分为 1997～2002

年、2003～2012 年及 2013～2019 年三个阶段，来观察全球影视产业跨国并购网络的结构特征，探究其演化规律。研究发现：第一，影视文化跨国并购的总项目数、交易总金额都存在阶段化波动特征，整体呈上升趋势。第二，"富国俱乐部"特征较为明显，但这一态势随着新兴国家的崛起呈现削减趋势。第三，地理因素的影响逐步减弱，全球贸易环境特别是政治关系的影响显现。第四，基于"核心—边缘"模型分析发现，并购联系复杂的核心层国家数目减少，网络核心逐渐分散。第五，中国在全球影视文化跨国并购网络中的地位逐步上升。

王泽民教授从古文字视角分析中国文化的特点及其创新特质。语言文字是文明的沉淀、文化的载体，古汉语文字的演变体现了中华文化的特点及汉字的创新基因，塑造着中华文化的创新特质，是人类各种文化活动分化发展的基础平台；文字构造反映了生产生活方式及农耕文明的特性，映射人与自然及人类文明的变化态势。从古汉字看中国文化的创新特质，内容包括四个方面：①从汉字生成和演变的发展过程，看古人的认识和意识特点，进而把握汉字所包含的内在的创新元素；②从汉字的结构和体系，看先民的思维特点，进而把握汉字所包含的内在的创新元素；③从汉字所反映的社会生活，看先民的生存和生活特点，把握汉字所包含的内在的创新元素；④从汉字生成的各种相关文化形态，看先民的发展特点，进而把握汉字所包含的内在的创新元素。

许恩珍教授介绍了韩国的"文化都市"政策。"文化都市"是韩国目前最重要的城市发展政策。"文化都市"这一术语是指根据韩国的《地区文化振兴法》第15条规定，要有效利用地方文化资源，增强文化创意。2019年，韩国文化体育旅游部（MCST）选定了 7 个城市作为首批文化都市。2021年1月，又有 5 个城市被入选为第二批文化都市。目前，要决定的是第三批和第四批入选城市。如果被入选为文化都市，文化体育旅游部将在 5 年内赞助其最高达100 亿韩元的基金，最重要的是，它引导形成的城市，其项目是以居民而不是以上级项目为主导。韩国政府的目的在于，通过发展文化都市，提高全国文化水平，并从长远角度建立地区间文化都市带。

涂浩瀚副教授讨论了中国电影投资者的创新配置策略。电影是合作而非个人投入的基于项目的产品，但很多研究者只关注到明星演员或导演对电影票房的贡献，完全忽略了电影创意团队作为一个整体对于票房的影响。不同岗位的电影创意工作者可以组成千变万化的创意组合，电影投资者没有可以判断的工具，过往的研究中建立预发行电影性能预测模型的尝试相对较少。权变理论告诉我们，市场环境是在不断动态变化的，因此不同的创意组合会创造不同的绩效。电影是资本密集型投资，至关重要的是需要电影投资者在电影制作过程中尽早识别出具有较高商业潜力的电影。通过收集中国电影 2005~2018 年的电影生产分工数据，结合社交化中心性关系构建出的 7 个关键创意角色（Key Player），将这 7 个角色进行交叉配对，形成了 1~4 个组别共计 102 组创意组合。通过讨论这些组合对票房的影响度，给电影投资者提供有效的配置选择，也为管理提供实务性的建议。

2. 乡村振兴与创意乡村建设

杨洪涛教授探讨了乡村旅游社区边缘化形成机理及振兴对策。乡村旅游发展过程中，社区在利益主体博弈中往往处于弱势，不断被边缘化。了解乡村旅游社区边缘化形成机理，有助于提出针对性解决对策，促进乡村振兴。杨教授基于制度嵌入性理论，以世界文化遗产地洪坑村作为案例地，运用扎根理论分析洪坑村利益相关者的行为及其嵌入的制度，揭示了当地社区边缘化形成机理在于：①乡村旅游地利益相关者嵌入的制度包括公共—中心化制度、半私人—中心化制度与私人—非中心化制度。不同利益相关者嵌入的制度不同，对同一制度的嵌入程度也不同；②面对不同的制度环境及各种因素的影响，利益相关者往往采取不同旅游参与行为策略；③地方政府的"社区法制化管理"与旅游企业的"社区规范化管理"在某种程度上直接导致了乡村旅游社区边缘化；④基层组织的"社区治理职能缺位"和非体制精英的"社区治理退出"造成了社区"旅游参与组织化困境"，同时间接导致了社区边缘化。为应对乡村旅游发展过程中的社区边缘化，他从制度与利益主体的角度出发提出相应的振兴对策。

邵明华副教授讨论了数字化时代农村公共文化服务供给质量提升问题。他以数字化时代农村公共文化服务供给质量提升为对象，阐述了农村公共文化服务的高质量发展，对于培育农村公共精神、推动乡村文化治理、培育社会主义核心价值观有积极作用。数字技术颠覆了农村公共文化服务格局，互联网技术应用积累了潜在服务用户，大数据、云计算、人工智能提高了服务供给效能。构建新型供给梯队、创意转化平台、供需连接网络、供给运转机制有助于实现农村公共文化服务高质量发展，进而提高国家软实力。

3. 民族地区文化创意产业与中华民族共同体建设

丁赛研究员探讨了民族地区县域文旅产业的高质量发展问题。通过对比2020年全国84个民族地区县域文旅产业发展调查情况与2018年71个县域文旅产业发展数据，揭示了民族地区县域文旅产业发展水平较低且呈下降态势、发展主体缺失、发展不平衡等问题。他建议从多方面着手，提升民族地区县域文旅产业发展水平。

杨毅教授对创意赋能民族地区文化遗产旅游可持续发展的组态效应进行研究。近年来，中国许多民族地区依托文化遗产资源开发旅游产业，以此作为弘扬民族文化与驱动经济发展的重要途径，但不合理的开发利用造成文化失真、生态破坏、产业萎缩等问题，严重阻碍了文化遗产及其旅游开发的长远发展。为纾解遗产保护与开发的二元矛盾，研究将可持续发展理论应用于文化遗产旅游领域，整合强、弱两种可持续性分析框架，构建文化遗产旅游可持续发展评价体系，并对20个少数民族样本地进行模糊集定性比较分析，测量与探讨人口、经济、生态、文化、社会等方面对文化遗产旅游可持续发展影响机制的组态效应，最终提出以消费体验为导向、以创意介入为手段、以场景营造为核心、以产业协调为准则、以协同治理为保障的文化遗产可持续旅游开发路径，从而实现"以文彰旅、以旅塑文"、少数民族优秀传统文化创造性转化与创新性发展的美好愿景。

张劲松教授探讨了铸牢中华民族共同体意识背景下民族地区乡村治理内在逻辑和发展路径。针对民族地区乡村治理在治理目标、治理主体、治理客体和治理方式四个方面存在的不足，梳理铸牢中华民族共同体意识与民族地区乡村治理二者之间存在的逻辑关联，最终基于这种内在逻辑从铸牢中华民族共同体意识、加强民族地区乡村基层党建、构建乡村治理多元机制、强化乡村人才队伍建设、营造乡村氛围建设的角度提出民族地区乡村治理发展路径。

王亮教授分享了"一带一路"倡议下渝东南民族地区的对外贸易发展路径研究。通过对重庆市下辖四个自治县对外经济贸易基于时间维度、空间维度和行业维度现状分析，指出该区在对外贸易发展中存在三个方面问题：外贸发展不充分，外贸依存度偏低；外贸发展不平衡，对外贸易进出口商品结构单一，贸易对象过于集中；外贸发展不稳定，外贸增速大起大落，没有形成稳定的增长趋势。针对以上问题，提出四个方面对策建议：变政策优势、区位优势为对外贸易发展优势；强化通道能力，完善交通空间网络体系；优化进出口商品结构、空间结构，促进对外贸易高质量发展；加强与"一带一路"沿线国家文化交流与沟通，提升科技与人才竞争力。

三、创意管理学科发展前景

发展文化创意产业是培育国民经济新的增长点、提升国家文化软实力和产业竞争力的重大举措，是发展创新型经济、促进产业结构调整和发展方式转变的内在要求，是提高人民生活质量的重要途径。目前，中国创意管理取得了开创性的突破，一个新兴的学科"创意管理学"正在冉冉升起。创意管理学科适应了国家经济社会高质量发展和民族文化振兴的时代大背景。在数字智能时代，创意管理正在呈现出新的态势，为创意管理学科拓展新的发展领域。

参考文献

［1］SVYDRUK I I, OSSIK Y I, PROKOPENKO O V. Creative management：Theoretical foundations［M］. Chorzów：Drukarnia Cyfrowa, 2017.

［2］杨永忠. 新当代管理理论：创意管理学的探索［J］. 创意管理评论，2016（1）：3-18.

Summary of the International Symposium on Cultural Creativity and Management Innovation

Yonglong Sun, Wenping Xue, Yao Zhang, Meimei Yan

Abstract: Since today's society has entered the creative era, promoting the speed-up, upgrading and high-quality development of the cultural and creative industry is an important mission entrusted by the new era. The development of the cultural and creative industry is inseparable from innovation and entrepreneurship, and even more inseparable from the exchange of ideas and the collision of views. From October 30 to 31, 2021, the International Symposium on Cultural Creativity and Management Innovation was held online by Northwest Minzu University. The theme of this conference was "Co-creation, Co-construction and Sharing: Creative Empowerment of 'Belt and Road' and High-quality Development of Economy and Society". More than 200 experts and scholars from 6 countries, including China, Canada, Australia, Kazakhstan, South Korea and Indonesia, participated in this academic event online. The participants discussed the theories and practices of the cultural and creative management from different perspectives, and the development ideas in different disciplines and fields.

Key words: Cultural creativity; Management innovation; Rural revitalization; Digital age; Ethnic areas

创意管理评论 · 第7卷

CREATIVE MANAGEMENT REVIEW, Volume 7

Appreciation of Creative Works

泓盛艺术品[①]

陈逸飞《玉堂春暖》油彩作品

周春芽《山石图》油彩作品

---

① 全部图片来源：上海泓盛拍卖有限公司。

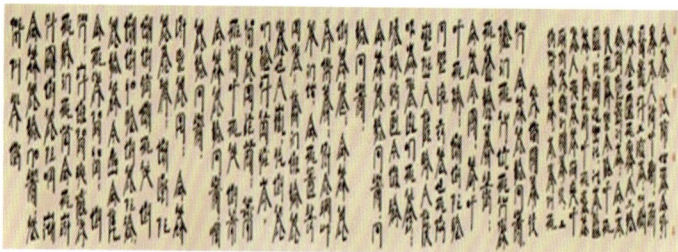

徐冰《新英文书法》水墨纸本作品

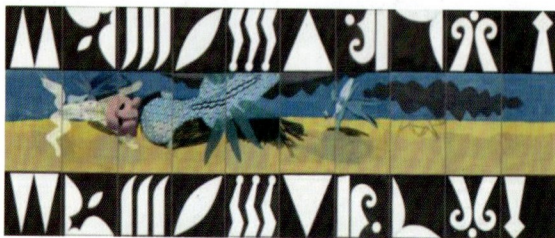

李山《阅读》(十联画)丙烯作品

展望《假山石 108 号》

(1/4)不锈钢作品

毛同强《地契》大型装置

焦兴涛《真实的赝品》大型装置